JN015578

翻訳メソッドで身につける究極の英語力

柴田 耕太郎 著
Kotaro Shibata

研究社

はしがき

「恋愛をする人は多いが、恋愛を反芻する人は少ない」

亀井勝一郎『愛の無常について』であったか。

それを借りれば「英語をする人は多いが、英語を反芻する人は少ない」。

反芻しなければ身につかない、やったというただの「思い出」になってしまう。

ここに『翻訳メソッドで身につける究極の英語力』の意味がある。

初めて英語でお金をもらって45年、思えば遠くに来たものだ。

習得には大変な苦労をしたうらみがある。

もっと迅速に効率よく学べる方法を模索し、自分の学習過程を体系化してみた。

これで読者は、私のかかった10分の1の時間でマスターできるだろう。

本書にはこれまでの英語教育の盲点が洗い出されている。この方法論をさらに洗練・理論化し、できることなら読者の中から日本の英語教育のスタンダードを生み育てる人が出てほしい。

英語教育者、高校・予備校・大学英語教員。正確に英語を読む必要のあるビジネスマン。将来英語で身を立ててゆきたい学生。そうした方々に読んでいただきたい。

2021年初秋の日に　柴田耕太郎

【本書執筆でお世話になった方々】

語法監修：	府川謹也	獨協大学名誉教授
原稿素読：	菊地祥子	ビジネスパースン
	松尾裕一	ビジネスパースン
	前川まりこ	(株)アイディ
専門指導：	深尾隆三	工学博士
編集担当：	佐藤陽二	(株)研究社

目　次

第1章　みんな英語ができない

1　はじめに

■「疑似翻訳」から「達意の日本語」へ

NHKの朝ドラ『花子とアン』にこんなシーンがあった。女学校の英語の授業、My hair is turning grey. That is a long story. に教師が「**私の髪は灰色に変わってきました。それは長い物語です**」との訳をつける。生徒であるヒロイン(翻訳家の村岡花子がモデル)は「**私には白髪が増えてきました。話せば長いのよ**」としてはいけませんか、と尋ねる。「そんな恣意的な訳は認めません」と教師はたしなめるのだが、これこそがまさに英文和訳と翻訳の違い。

コミュニカティブ・イングリッシュの欠陥が見え始め、「英文精読」が注目されるようになった。だがそれだけでは、正しく英文を読めたことにはならない。原著者が日本人だったら……の視点が欠けているからである。英文精読をさらに一歩進め、**「疑似日本語」でなく「達意の日本語」にまで高める英語教育法**を提唱したい。

大きな声では言えないが、出講している某大学の学生の編入を手助けした。数年前、東京外語大英米科に2名、お茶の水女子大に1名。3人ともずば抜けてできたわけではないが、授業や課外で少々「**翻訳の思考過程を応用した学習法**」を指導するだけで、目に見える結果が出たのだ。

これは何も受験生のみに当てはまるわけではない。いやむしろ、悪しき訓読教育を受けてきた知的社会人が、自身の専門分野の文献を読むのに役立つ。弁護士、医師、弁理士、公認会計士など、日々国際情報に対峙(たいじ)する方々がこぞって私の教室の門を叩いてくる所以(ゆえん)である。この方法論を本書で開陳する。

■参考書だけで実現できないレベルとは

典型的な英文和訳の例として、定評ある英語参考書の一節を引こう。

> The freshness of a bright May morning in this pleasant suburb of Paris had its effect on the little traveler.
> **「この楽しいパリ郊外の5月の明るい朝のさわやかさが、小がらな旅人に影響した」**

この訳文には疑問が残るはずだ。「楽しい」とは？ パリ郊外に遊園地でもあるのか。「影響した」とはどんな影響なのか。

語彙について解説を補充しておく。

pleasant は、フランス語 plaisant から転化。please(他動詞：人を喜ばす) ＋-ant(接尾辞で「……の性質の」)。そこから、①人を楽しませる、②気持ちのよい、③天気のよい、と意味が広がり、ここは②。

effect は「効果；影響」だが、**なにがしかの結果を引き起こす**が含意される。freshness が traveler に対し(on) effect したのだ。当然、「心に好ましい effect」ということになる。

翻訳するときはこんな風に頭が働く。それで「**心地よいパリ郊外、さわやかな5月の朝、若い旅人の気分はよかった**」のような訳文が得られるのである。

かように穿つように精読したうえで**原著者が日本人だったらどうするか、**考えること。これができて初めて、英文を正しく理解できたことになるのだ。**文法力はもちろん、論理力、教養力(もしくは調査力)、そして表現力が同時に鍛えられるのが「翻訳メソッド」**である。

優秀なネイティブレベルの英語力を一足飛びに身につけるなど不可能だが、習得の順番を定めることで着実に近づくことができる。

ただし、英語を話すことから入ると、パターン認識に至るまで膨大な時間とエネルギーが必要になる。仲睦まじいのに時々喧嘩するカナダ人・日本人カップルの例を挙げよう。

「君はすぐ because と言う」と夫はこぼす。妻にすれば軽い甘えの入った「だって」の気持ちなのだが、論理的理由・未知の理由を導く because などを他愛ないやりとりで使われたら、良人(おっと)はたまったものでない。いさかいの末に妻は、接続詞はいらない(場合により but、after all、文語なら for) のかと気づいたそうだ。こうした要らぬ誤解を防ぐためにも、訳の効用がある。英文を達意の日本語にしようと苦吟(くぎん)することで、日英語の誤差を身をもって知り、紋切り型の会話や誤読を避けられるようになる。

■翻訳こそ「実用英語」習得の近道

英会話の「会話」は、英語では con(一緒に) verse(回す)、つまり「丁々発止(ちょうちょうはっし)」と言葉のやりとりをすることだ。喋ることから入る英語は He is good at English speaking.(彼は英語を話すのが上手い)にはなれても、He is good at English conversation.(彼は英語での駆け引きが上手い)とはなりにくい。英語学習は正しく読むことを中心とすべきだ。

著名な翻訳家が若い頃、生活のためにプラント輸出の通訳としてボルネオに赴いた。初めは一言もしゃべれなかったが、3 か月後には英語が使えるようになり、3 年後の帰国直前には「**互いに 60% ぐらいしか相手の言うことが分からないアメリカ人とオーストラリア人の通訳をした**」という。翻訳で鍛えていた英語力の蓄積が、一気に開花したのである。

「power は多義だが、あなた方は喋るときそれを、力・権力・権限・職権・権能・政権などどれかの意味で使っている、あるいは読んだり聞いたりするときそのどれかの意味と理解しているのか」と、教養あるネイティブ・スピーカーに日本語で尋ねたことがある。答えは「然り」。英語は確かに多義だが、「**文脈の支援を得て、そのうちのどれになるか自ずと決まる**」とのことだった。なるほどそれで、論理的な思考の訓練が日々行われるわけだ。語彙が豊富で情緒的な日本語は、この緊張感なく読み書き喋れる利点があるが、その分、言葉の反芻(はんすう)が甘くなる。それを補うのが、昔の漢文訓読であり、英文読解のはずであった。英文読解が目的を達せられない以上、英文翻訳により日本人の論理力を養うのが最善と思われる。

こうした訓練をしておけば、(古い話だが)大リーグでの野茂英雄投手の活躍をたたえたラソーダ監督の言葉 I'm proud of him. に「**私は彼を誇りに思う**」などと大げさなものでなく「**私は彼を誉めてやりたい**」と順当な訳を充てられるだろう。北朝鮮との対話を控え、報道陣に問われた当時のトランプ大統領の応答 A difficult challenge. を、「**難しい挑戦だ**」と不自然な日本語で済ませず、「**難問だ**」と適切に意味を伝えられるはずだ。この challenge は相手の胸を借りて挑戦するわけでなく、「自分の手腕が問われる課題」のことだと理解していればこそである。

翻訳は実用である。各国の国連代表部の主な仕事は、条文の解釈・解読だし、航空会社における外国人パイロットとの交渉でも、重要な要求は必ず紙に書いてもらうという。ネットの英文を的確に理解できれば得をするし、正確に読めることで一目置かれる。頼れる英語教師にも、いざとなればプロの翻訳家にもなれるだろう。いわゆる日常会話や、同じような言葉の反復で済むビジネス英語でのやりとりと違って、無限の情報を自家薬籠中のものとできる。何よりも**「英文はここまで書いてあるのか！」と感動する自分に嬉しくなる**だろう。

本書を通じて、翻訳の思考過程を応用した英語学習法を身につけていただきたい。

2　英語教育の憂鬱

■通訳と翻訳の違いとは

高名な通訳者に自分が英文で書いたエッセイを日本語に翻訳してほしいと頼まれたことがある。自分でやればいいのにといぶかりながら、訳して差し出すと「なるほど、私が言いたかったのはこういうことなのですね」と感謝された。

これは2つの事を象徴していると思う。

1つは、**英語で考えることと日本語で考えることには大きな溝がある**。イギリスの名文家のエッセイにもこうある。

> Style cannot be distinguished from matter.（文体と内容は区別されえない）... Surely it is obvious that the expression cannot be altered without altering the thing expressed!（表現を変えれば表現内容も変わる）

ましてや外国語においておや。英語をおいそれと日本語に変換できないことを知っている、達人なればこその謙虚な態度だろう。

いや、通訳は日本語にするのが仕事だと言われるかもしれない。実務的なもの、事実に関するものは然り。だが抽象的な思考に係るものは、どうしてもズレが生じる、解釈が必要になるから、自分のこととなると手を出しかねるのである。それを承知で翻訳者・通訳者は何とか最大限の近似値を得たいと日々苦闘している。日常会話レベルの英語と頭脳での咀嚼が必要な英語を一緒にしてはいけないのだ。

もう 1 つは、**通訳と翻訳は異なる**こと。通訳者はアナウンサー、翻訳者は舞台俳優に例えられる。どんな原稿でも渡されればすぐにそれらしく読み伝えられるアナウンサーに比べ、書いてあることを一語一語理解しなければ喋れない舞台俳優。おなじ言葉を扱っていても、これほどかけ離れた存在はない。きちんとした文章として残すには通訳とは別の力が必要と直感したのは、一流の通訳者なればこそだ。

それが、読むことばかりやっていたから英語が一向にできるようにならないのだと、国民全体が今や「なんとかラーニング」幻想で、結局は読むことも喋ることもできない。大学を出ても英語ができないのは教育が悪いから、英語で授業すれば英語ができるようになる、英語が喋れれば国際人になれる、との風潮もはなはだしい。国語を習得するのさえ並大抵のことではない。小学校教育から授業をすべて英語にすれば、英語が使える人間をかなりの数養成できるだろうが、それは英語の思考に従い英語の奴隷になるという覚悟を決めてのことでなければなるまい。文科省は日本語も英語もできない中途半端な日本人を作ろうとしている。

かつて通訳ガイド二次試験は正確で滑らかな訳文を出さねば合格できなかった。翻訳の重要性を試験委員が認識していたからこそである。三次試験の英語の面接は英語で確実に伝える力を見るものであり、内容のないことをぺらぺらしゃべる志願者は落とされた。それが、話すこと・概要をつかむことに力点を置く英検に一部代用されてしまった。精密な英文理解を問う外交官試験は、国家公務員採用 I 種試験に併合されてしまった。条文の読めない外交官を作ることにもなりかねない。

「読めればこそ書ける、書ければこそ論じられる」 高度な英語の取得はこの順番で進めるべきだろう。

■大学教授を盲信するな

私は元々英文科志望で、現代イギリス演劇の紹介者を志していた。怠惰な学生ではあったが、たまにやる気を出しテキストを精読して授業に臨む。文中に it が出てくるが、具体的に何を指すのか分からない。耳をそばだてて解説を聞いているが、肝心な箇所はサーッと飛ばして過ぎてしまう。他の学生は質問しないから自分だけが分からないのかと気落ちした。副詞＋前置詞句もそうだ。イディオムとして出ていればよいが、そうでないものは副詞の意味と前置詞の意味を合わせると幾通りにもなる。どれが正しいのか考える暇もなく、あるいは分かっていて当然だろうと云った感じで、その部分の訳が付けられ先に進んでしまう。他にもコロンとセミコロンの違い、and の意味、for の意味なども。仕方なく仏文に転じたが、今思えば教員は当然のこととして教えなかったのでなく、知らなかったのではないか。

大学の英語教授ともあろうものが、と首をかしげる向きもあろう。だが戦後の一時期、大学語学教員はバブルだったのだ。新制大学が雨後の筍（たけのこ）のようにできるなか、学生定員 20 名に対し一人の英語教員を置くことに決まっていたから、専門学校出の旧制の中学や女学校の教員が二階級特進で大学教授になった。当時の受験参考書の著者紹介にはよく「××大学教授。東京高等師範学校卒」などとあって、何かいぶかしく思った(東京高等師範学校は筑波大学の前身)。知り合いの父君などは、帝大の英文科を出たあと、九州の洋裁学校の英語教員であった。それがバブルの恩恵で、一気に北海道大学の教授に就任した。もっとも「語学教授」は低く見られ、所属は旧制の大学予科にあたる教養部、「学部の教授会に出られない」のでひがんでいたという。芥川賞作家の清岡卓行がセリーグ日程編成部長から法政の仏語教員に転じたとき、錆びついたフランス語を NHK のラジオ講座で復習した、との話が自伝的小説に出てくる。現在では東大の博士号をとってもいきなり専任教員になれないことを考えれば、隔世の感だ。

こうした時代の僥倖（ぎょうこう）に恵まれた教員は、旧制の大学教授より実力は劣っても、教える技術はあるはずなのに大学教授のプライドが先行し、教育者をやめ研究者のふりをし出したことに、今日の高等英語教育の欠陥の根がある。実力のなさ、教える熱意のなさ、社会との接点のなさが彼らの三大罪科である。その挙句、使える英語になっていないと他の専門分野の教授連からこづかれ、実用英語に一気にシフトしたのが実情ではないか。まさに、**英語教師の天に向かって吐いた唾**なのである。私の教室に学びにくるのは、社会で然るべき地位を占め仕事で英語を使いこなす方々だが、学校で教わらない英語の基本を講じると溜息をつく。そのたびに「大学でちゃんと教わっていれば、皆さんがこんなところに来る必要はなかったんですよ」と私は冗談めかして言うのが常だ。

英文学者の外山滋比古が次のように書いている。

(p. 77)英文科はヨーロッパ比較文化などという世をあざむくような名前の学科に化けた。
(p. 86)修士論文が書けるかどうか指導教授が危ぶむような学生が、どんどん就職が内定する。うまく教えられるわけがない。「高校の英語の方がずっとおもしろかった」ともらす学生がすくなくなかった。大学の英語の評判を悪くした。後年、大学紛争がおこったときも、もっともつよく批判されたのが、こうして大学へ入った教養部の若い教師であったのは偶然ではない。(『日本の英語、英文学』外山滋比古、研究社)

そのとおりだ。大学紛争が起こったもう1つの理由は、大学の大衆化だと思う。団塊の世代でいちばん多い年は230万人、2020年の成人が110万人。大学の定員はむしろ増えている。アメリカの社会学者マーチン・トロウ(Martin Trow)の説によれば、人口比15%が大衆とエリートの分水嶺だという。団塊の世代が大学に入った昭和42年ごろ、四年制大学の同世代人口比は15%を超えた。

受験地獄を潜り抜け、ようやくエリートになれたと思ったら、単なる大衆であったと知る幻滅。これが社会への不満のはけ口として学生運動をあおったのではないか。「結集されたすべての学生大衆諸君!」と、キャンパスを覆う拡声器の響きをしっかり覚えている。

3　本物の英語力とは

■教養がものをいう

「トインビー史学」「トインビー史観」と称せられる足跡を残したイギリス

の歴史家、アーノルド・トインビー(Arnold Toynbee)の啓蒙書『試練に立つ文明』(*Civilization on Trial*)の冒頭部分を検証してみよう。

> 私の歴史観はそれ自体がすでに一片のささやかな歴史であります。而もこの一片の歴史は専ら他の人々の歴史であって、私一個人の歴史ではありません。(『試練に立つ文明』深瀬基寛訳、社会思想社)

以後、下線や太字など、特に言及なければ私が付けたものである。

「私の歴史観」=「一片の歴史」、「この一片の歴史」=「他の人々の歴史」≠「私一個人の歴史」と読めるが、哲学書の下手な翻訳のようで意味不明。原文はこうなっている。

> My view of history is itself a tiny piece of history; and this mainly other people's history and not my own; . . .

history をすべて「歴史」と訳すからおかしくなる。

history は①人間の営み、出来事の連なりとしての歴史、②それを研究する学問、の2つの意味がある。最初の history は①、あとの4つは②の意味で使われている。ここだけ注意すれば破綻ない訳がつくはずだ。

さらなる理解には、次の2つを押さえておきたい。

1つは this の指すものは何かということ。(1) my view of history (2) a tiny piece of history (3) history、の3つのうちのどれだろうか。

(1) 主語を指すなら it で受けるか、this は省くはず。意味からしても前後が論理的につながらない。(2)「歴史学のささやかな一部」は「トインビー歴史学などと言われても、しょせん他の歴史家の恩恵を被ったものだ」という自然な展開。(3) 総称である「歴史学」がトインビー自身のものでないのは自明。また this は具体的なものを指すのが通例。ということで、答えは(2)。

もう1つ、a piece of の意味は分かるだろうか。a piece of は後ろに不可算名詞が来て、「一片の、1件の、1個の、1つの」などの訳語となる。part(分割できないある部分)に比べ、個としての独立性が強い。トインビーの韜晦(とうかい)というか自負が感じられる。

たった一文なのに、イギリスの知識人である著者の知識・教養についていく気概が読む者に求められる。原文に即した訳(＝意味の通る直訳)をつければこうなる。

> 私の歴史の見方はそれ自体が、歴史学(全体の)ささやかな一部分である。そしてこれは主として他の(歴史家の)人々の(つくってきた)歴史学であって私自身の歴史学ではない。

以下、柴田による訳は「柴田訳」か、無記名とする。自家使用としては、これで良いだろう。人様に見てもらうのなら日本語を練る必要が出てくる。

これには東大名誉教授だった朱牟田(しゅむた)夏雄によるものもあるが、やはり分かりにくい。

> 「わたしの歴史観は、それ自身が一つの小さな歴史だといえる。その歴史も、主として他の人が作ってくれた歴史で、私自身の作った歴史ではない。」(『英文をいかに読むか』文建書房、現在は研究社)

「英文の解釈あるいは英文和訳というのは、与えられた英文の意味を理解して、そして多くの場合、その理解した意味を日本語で言いあらわすことである」という著者冒頭の言葉は力強い。「語学のできない外交官が生まれ、国益に反する事態を生みかねない」と外交官試験廃止の不都合を説得性ある筆致で述べる(毎日新聞「異論反論」：1 の 2 参照)元外務省分析官の作家佐藤優(まさる)。その推薦文も帯にある。だがこの本、いささか訳の甘さが見られるのは残念だ(以前、研究社『時事英語研究』誌(休刊)で指摘したことがある)。是非改訂して名実ともに良書となってほしい。

多少英語のたしなみがあれば見破れそうな誤りを、2 つばかり挙げよう。

> 「これも同じ 1901 年、27 歳の時の文章である。As I grow older などと老成じみたことをいっているのが面白い」(同書、S・モームのエッセイへのコメント部分)

「さすがモーム、老成しているものだ」と一瞬思ったものの、すぐに違和感に襲われて原文にあたってみた。

As I grow older I am more and more amazed to discover how great are the differences between one man and another.

grow older は「年を重ねること(以前と比べて)」であり、赤ん坊が1歳から2歳になってもあてはまる。grow old と読み違えたようだ。

Not the least of the Zoological Gardens' many attractions is their inexhaustibility.

動物園の持つ数多くの魅力のうちで、決して軽いとはいえない一つは、動物園は無尽蔵だということである。(同書、G・オーウェルの文章の訳文)

not the least は曲者。文脈依拠で(1)最大限、(2)最小限、の真逆の意味になる。ここは(1)で「一番大きいもの(の)」。同様の間違いを、別の名手がしている。

. . . Beauty creates as many Woes as it bestows Advantages (not the least of which is the Envy of other Women) . . .

……美貌は利を授けてくれるのと同じくらい(このなかにはほかの女の羨望はこれっぽちもはいってはいません)、多くの災いを惹き起こす……(『ファニー』柳瀬尚紀訳)

正しくは(その中でほかの女の羨望がいちばん大きいのですが)とし、文末に持ってくる。

■論理力が試される

先の朱牟田夏雄に連なるのが行方(なめかた)昭夫(東大名誉教授、翻訳家)。「朱牟田夏雄先生、上田勤先生に学んだ東大教養の訓詁の伝統を生かした」旨、別の著書に書いている。

ねちっこく読むのが英文精読の神髄なのだ、と意を強くしてこの『英語のセンスを磨く——英文快読への誘い』(岩波書店)を括ると、気になるところが出てきた。煩瑣なので2つだけ挙げる。

プロ(プロ同然のアマチュアも含む)のスポーツが本来のスポーツ精神から逸脱しているとのギルバート・ハイエット(Gilbert Highet)の文章。この前に「プロのスポーツは(競技そのものを楽しむという)競技の理想から外れ、勝つことが目的になっている」旨の記述がある。

> . . . In the next Olympic Games we shall no doubt admire the skill of some of the athletes, but we shall also know that they are not really playing games, not indulging in sport. **They are making war. ①They will not ②take ③the half-mile run and the long jump ②as a combination of fun and exercise, ④something ⑤from which they can return with relief and satisfaction to their ⑥normal pursuits ⑦outside the sphere of play, ⑧as mechanics or librarians or truckdrivers.**

行方訳は次のとおり。

> ……今度のオリンピックでも、選手の中には妙技によって人を感嘆させる者も必ずいるであろうが、そういう者たちが、本当の意味で競技をし、スポーツを心ゆくまで楽しんでいるのではないこと、**つまり、「戦争」をしていることも判明するであろう。彼らは半マイル競争や走り幅跳びを、遊びと体力作りの結びついたものとは考えないだろう。それが終わったら、気分転換ができたと満足して競技と無関係の普段の仕事、機械工なり、司書なり、トラック運転手なりの仕事に戻って行けるのだとは考えないだろう。**

【構文分析】

① they　オリンピック選手のこと。

② take A as B「AをBと見なす」。役割・機能を示す前置詞「……として」

③ the half-mile run and the long jump「半マイル走と走り幅跳び」。最初の as 以下の a combination of fun and exercise(楽しみと体ごなしが合わさったもの)の具体例

④ 言い換えで、something(何かあるもの ⇒ そういった類のもの)を導く。

⑤ from which 以下。they can **return** (with relief and satisfaction) **from** something **to** their normal pursuits. と読む。

⑥ 「普通の・普段の・日常の仕事」

⑦ 「競技の外側の」→「運動競技とは関わりない」。直前の their normal pursuits に掛かる。

ここまでは行方と私の理解は同じだが、⑧の **as** の掛かり方が異なる。行方は as 以下を「『mechanics、librarians、truckdrivers としての普段の仕事』として補えばよいのです」と書いており、as を前置詞と解釈している。

その場合、as 以下は(i)形容詞的に their normal pursuits に掛かる「……としての普段の仕事」(ii)副詞的に return に掛かる「……として戻る」の2つが考えられるが、論点には影響しないので掘り下げず、(i)で検討する。

【行方の読み方】

as は前置詞で「mechanics、librarians、truckdrivers としての普段の仕事(normal pursuits)に戻る」

They will not **take** [the half-mile run and the long jump] **as** [{a combination of fun and exercise}, {something (from which they can return with relief and satisfaction to their normal **pursuits** outside the sphere of play, **as** mechanics or librarians or truckdrivers)}].

【柴田の読み方】

> as は接続詞で「mechanics、librarians、truckdrivers がそうするように」
> [They will **not take** {the half-mile run and the long jump} **as** {a combination of fun and exercise, something (from which they can return with relief and satisfaction to their normal pursuits outside the sphere of play)}] [, **as** mechanics or librarians or truckdrivers].

as mechanics or librarians or truckdrivers(ごく普通の職業人の例として出している：以下便宜的に「一般人」と訳をつける)のくだりは文法的にはどちらともとれるが、柴田の読み方にしたい。その理由を述べる。

まず、論理面からは、「プロと一般人を対比している文脈である」ことだ。「プロ競技者は戦さをしている」に続くのだから、「競技が終わったあと**一般人として**日常の仕事に気持ちよく**戻れる**何かとして、半マイル走や走り幅跳びをしてるのではない」より、「競技が終ったあと日常の仕事に気持ちよく戻れる何かとして、半マイル走や走り幅跳びをしているのではない。**一般人は**運動競技をそういうものとして、しているのであるが」のほうがよい。

次に形の面からは、次の 3 点が挙げられる。

(1)　2 つの as が重ねて同じ意味(前置詞「……として」)で使われるのは、文として洗練さが欠ける。
(2)　形容詞用法で直前の pursuits に掛かるとするなら、カンマは不要。
(3)　あとの as が前置詞で副詞用法だとすると、繋がる動詞が離れすぎて(return with relief and satisfaction to their normal pursuits outside the sphere of play)悪文。あとの as 以下の掛かる範囲をはっきり示すためにカンマを入れたとすれば、やはり悪文。

さらに理屈の面から、次の 2 つが挙げられる。

(4)　あとに will take 〜 が略された接続詞と読むのが文の流れからしてよい。
(5)　この場合重要なのは、**主文が否定形であり、as の直前にカンマがあり**

as 以下は主文との対比を示すため、逆接になること「as 以下の S′ が V′ 以下である**ようには**(—ない)」。

全体を意訳する。

> オリンピック選手はまさに戦さをしている。ハーフマイル走や走り幅跳びといったものを、伊達に趣味と運動を兼ねた、それをすることで日常の仕事に気持ちよく戻ってゆける息抜きとしてやっているわけではないのだ。これは、機械工や図書館員やトラック運転手と全く異なるところである。

もう1つは、アウシュビッツ生き残りのイタリアの作家、プリーモ・レーヴィ(Primo Levi)のことを書いたアルヴィン・ローゼンフェルド(Alvin Rosenfeld)の文章である。

> Did he in fact kill himself, or did he experience a momentary black-out and fall accidentally to his death?

行方訳は次のとおり。

> 本当に自殺だったのか、それとも瞬間的な立ちくらみに襲われ、死につながる事故に巻き込まれたのか。

これでは「どんな事故」かが問われてしまう。「瞬間的な立ちくらみ」との因果関係も読めない。accidentally が fall に掛かると読めば「たまたま倒れて、死に至った」。to his death の to は、限界・程度。to his death に掛かると読めば「倒れて、たまたま死に至った」。to は結果。「たまたま死に至るほどの倒れ方をした」または「倒れて打ちどころ悪く死んでしまった」。

■表現にとことんこだわる

次は上級に行くためにどんな学習をすべきかを説いた斎藤兆史(よしふみ)の『英語達人塾』からの一節。

> 最近の英語教育では、学習法が文法を身につける前から文章の大意を理解する読み方を推奨する傾向にあるが、これは本末転倒もはなはだしい。文法を正確に読み解く訓練をしているうちに、しだいに文法が気にならなくなって文意がさっと頭に入るようになる。これが正しい学習の順序である。(『英語達人塾』斎藤兆史、中公新書)

よくぞ言ってくれた。私なども同じようなことを主張しているのだが、由緒正しい、マスコミにも受けのよい大学語学教員が声を大にして言わねば、世間は聞いてくれないのである。ただし、少し気になる箇所もある。

> 幸福な人とは、①客観的な生き方ができる人、②闊達な愛情と広範な興味を抱いている人であり、またそのような興味と愛情を通じて、そして③今度はそれを抱いているがゆえに自分が多くの人にとって興味と愛情の対象になっているという事実によって、自らの幸福を手に入れることができる人である。[拙訳](原文は p. 31)

「拙訳」は謙遜だろうが、ちょっと引っかかる。かねてから思っているのだが英文学者は英語ができず、英語学者は日本語ができない。もしや両方できる学者の出現かと斎藤に期待したのだが、この本の効用を述べた前書き「……、日本の大学で英語を教えたり、文学作品の翻訳をする程度の英語力は身につくはずだと言っておこう」なる表現にいぶかった私の予感があたり、この人は後者に属するようだ。

文体論を専攻として標榜するからには、きちんとした日本語が書けねばなるまい。斎藤訳に私が引っかかった理由は、次の3点である。

まず、**「客観的な生き方」**(lives objectively)だが、日本語として意味が通らない。いや原文にそう書いてあるからいいのだ、では困る。後書きで斎藤自身、「意味素」「意味成分」(語彙や単語よりもさらに小さい意味の単位)なる考え方を翻訳に導入するとよいと、言っているのだから。英英辞書(『ロングマン現代英英辞典』)を引こう。

> **objectively**: If you consider something objectively, you try to think about it without being influenced by your own feelings or opinions.

objectivelyとは「その場の感情や自分の固定観念にとらわれない冷静さ」をいうのが分かる。訳としては、多少の誤差を覚悟で(原著者だったらどのような日本語を使うか考えて)、「先入観をもたない」「何事も決めつけない」「安定した心持ちで」などとするのがよいだろう。

次に**「闊達な愛情と広範な興味を抱いている」**(has free affections and wide interests)だが、「闊達」は「ものにとらわれない/生き生きした」の意味ではあるものの、「愛情」とは言葉の結びつきが悪い。「闊達な愛情」とは言わない。

これに目をつぶったにしても、「闊達な愛情」と「広範な興味」を並列させ「抱く」に掛けるのはきわめて不安定。「闊達な愛情」だと、何に対するという目的語が問われるが、「広範な興味」は目的語なしでも存立できるからだ。

最後に**「今度は」**(in turn)だが、「今度は」と言われると、順番があるように読み手は思ってしまう。同時性だと分かるように「逆に」とでもしてはどうか。

もう1つ、斎藤の説明で腑に落ちないところがある。「第1の用例で見たとおり、セミコロンは等位接続詞的な機能を果たすため、通例、等位接続詞とは共起しない(=一緒には用いられない)が、……」とあり、何ページにもわたって、使い方の正誤例と解説を述べている。

理屈(セミコロン自体が接続詞の働きをする)ではそのとおりだが、これには6つの例外条件があって(煩雑なので省くが、アメリカのコミュニティ・カレッジのテキストで読んだ。日本人が国文法を敬遠するのと同じく、アメリカ人だって英文法は苦手なのだ)、それを適用すると理屈は消えてしまう。セミコロンと等位接続詞が一緒に用いられるのは名文家ジョージ・ギッシング(George Robert Gissing)の文章から抜粋した次の例でも明らか。再考を願いたい。

More than once I was driven by necessity to beg from strangers the means of earning bread, and this of all my experiences was the bitterest; yet I think I should have found it worse still to incur a debt to some friend or comrade.
一度ならず、やむを得ずして他人に生活の資を乞うたこともありますが、それは私の体験のなかでも一番嫌なものでした。けれど友人知人に借金をしていたならば、それよりももっと辛く思ったに違いありません。

■曖昧さをなくす

予備校の実力講師(当時)が書いた『英文読解完全マニュアル』(澤井繁男、ちくま新書)から1つだけ挙げる。

On those occasions one cannot but contemplate the many things that have been done that ought not to have been done, and the many things that have not been done that ought to have been done.
そうした場合に人は、当然するべきはずであった事柄で、しなくてもよかったはずの多くの事柄を、また、しなくてもよかった事柄で、当然すべきだった多くの事柄をじっくり考えないわけにいかない。(澤井訳)

二重限定は、前の関係代名詞の内容を後ろの関係代名詞の内容がさらに制限する。したがって、後ろの関係代名詞の内容に力点がある。澤井訳は、このポイントは押さえられているが、否定の not と義務・必然の ought to の関係を読み取れなかったようで、論理がかみ合っていない。

【直訳】 そうした場合において、人はなされるべきでなかったところのなされてしまった多くの事、そしてなされるべきであったところのなされずにおかれた多くの事を熟考せざるをえない。
【意訳】 そうした場合には、多くのやってしまったがやるべきではなかった事、また多くのやらなかったがやるべきであった事を、人は考えずにはおれない。

ここまでに述べた「本物の英語力を育む4つの要素」を鍛え上げれば、もっと高みに立つことができるはずだ。

コラム1　欠陥翻訳

手にした英文読解本の誤りが気になると、発行元(分かれば担当編集者宛て)に問い合わせてみる。これまで十数回手紙を出したが、返答があったのは研究社、大修館書店の二社のみ。さすが英語が看板の書肆(しょし)だと感心するが、他の社はほっかむりしたまま。腹が立つというより、情けない。欠陥商品を売っておいて、訂正も回収もしないとしたら、工業製品ならボイコットを招くだろう。現にそうした場合、産業翻訳分野では不払い・値引きが慣例となっている。

いちばん残念だったのはH社。英国の作家、ロアルド・ダール(Roald Dahl)の短編シリーズは瑕疵(かし)があまりに多く、訳文での正確な理解を阻んでいる。それで出版人対象のセミナーの講師に呼ばれたとき、資料にと思って、編集部長あてにやんわり、その原因と対策を打診したが梨のつぶて。しばらくして、翻訳指南本を書くことになり事実確認のため、誤訳への対処を社長あてに質問したが、これも音沙汰無し。

芥川賞の審査員として辛辣な批評を連ねる開高 健(かいこうたかし)の訳した『キス・キス』などはとくにひどく、一冊にあきらかな誤訳が178か所、悪訳が104か所ある(p. 146参照)。開高が大作家であるのは認めるが、翻訳を甘く見ていたのではないか。数年後には、「新訳版」と称して、新たな訳者によるものを出し始めたから、問い合わせも多少の効果はあったか。これにも誤訳・悪訳はあるが、目くじら立てるほどではなくなっている。

それにしてもこうした欠陥書(他社にも類例は結構ある)が訂正されず、数十年何十版と出され続けてきたのには、出版社と編集者の良心を疑わざるをえない。一方、**それを許して来た我々読者にも、書物評価の厳しさが足りないのではないか。**

第2章　「正確に読む」が出発点

本章から「本物の英語力」について具体的に記してゆこう。

私は翻訳会社の経営に長年携わった経験がある。翻訳会社の財産は、言うまでもなく翻訳者だ。これまで英語に腕の覚えのある何千人の答案を見、何百人を採用した。学校英語が竹刀とすれば、翻訳会社の英語は真剣。学歴・学校歴・職歴一切不問、「商品として」使えるかどうかの一点に絞って採点する。そのうえで合格者には、業界常識と翻訳の作法とでもいうべきものを解説する。

1　一字一句にこだわる

■「ねじれ」へのこだわり

英文を精緻に読み解き、頭の中で著者と対話していると、原文が英語だろうと日本語だろうと、他の外国語だろうと、読み方は変わらないと実感する。同じ言葉なのだから。英文法の規則さえ飲み込めれば、あとは和文を読むのと同じ心持ち。逆にいえば、優れた日本文を熟読することで、英文を読む訓練になる。川端康成の『伊豆の踊子』から引用する。

> はしけはひどく揺れた。踊り子はやはりくちびるをきっと閉じたまま一方を見つめていた。私がなわばしごにつかまろうとして振り返った時、さよならを言おうとしたが、それもよして、もういっぺんうなずいて見せた。(『伊豆の踊子』川端康成)

旅の道づれとなった私(旧制高校生)と旅芸人一座は、ここ伊豆下田で別れることとなる。私ははしけで沖まで行き、いざ大型船に乗り換えようとなわばしごにすがる。波止場で見送る踊り子と思わず目が合う場面である。

ここ、文がねじれている(主語が文の途中で入れ替わること)のに気づかれただろうか。

「振り返った」のは私だが、**「さよならを言おうとし……うなずいて見せた」**のは踊り子ではないか。主語が**「私は」**であれば、「さよなら」以下の主体も「私」になろうが……。

これを指摘したのは、誰あろう翻訳者のサイデンステッカー(Edward George Seidensticker)ご本人だ。おかしいなと思って著者川端に問い合わせたら、「なるほど、そうですね」と答えたとのエピソードがある。サイデンステッカー訳は次のとおり。

> The lighter pitched violently. The dancer stared fixedly ahead, her lips pressed tight together. As I started up the rope ladder to the ship I looked back. I wanted to say good-by, but I only nodded again.

ここでは、振り返り、さよならを言おうとし、うなずいた、のは私になっている。問い合わせの結果が生かされていないようだが……。

説明が分かりにくいという方もおられようから、補足しておく。

前段で、「踊り子は波止場に見送りにくる」→「そこで私の言葉にも、うなずくだけ」との叙述がある。単純な文を使って検討してみよう。

「私は部屋に入ると、灯りを点けた」なら、部屋に入り、灯りを点けたのは「私」になる。「私が部屋に入ると、灯りを点けた」なら、部屋に既に誰かいるとの前提があれば部屋に入ったのは「私」で、灯りを点けたのは「別人」になる。それに対して、部屋には誰もいないとの前提があれば、部屋に入ったのは「何人か」で灯りを点けたのは「私」、もしくは部屋に入ったのは私一人で、灯りを点けた当人を強調することになる。

英文でもねじれを見つけた。バートランド・ラッセル(Bertrand Arthur William Russell)の、機械の進歩と人間の本源的な性質について書かれた文章から。

It is to be hoped that social and political phenomena will soon come to be understood from this point of view, and will thus throw light on average human nature.

social and political phenomena は and 以下の主語にはとれず、破格として throw light on の主語は and の前の節全体、もしくは前節の隠れた主体(by us → we)ととるのが順当だ。試訳を示す。

その(=精神分析の)観点からやがて社会現象や政治現象が解き明かされ、そうして平均的な人間の本性についてはっきりした説明がなされるようになってほしいものだ。

次に『日本書紀』の「聖徳太子の条」の読み下し文を示す。

数日之後、皇太子近習者を召して、謂りて曰く、先の日、道に臥せる飢者は、其れ凡人に非じ、必ず真人ならむ。使を遣して視しめたまふ。

聖徳太子が慧眼の士であるのを証す、有名なエピソードの一節。現代の私たちでも難しくなさそうな文だが、「真人」が今ひとつはっきりしない。

私はいわゆるトンデモ本* が好きで入手することがあるが、そのうちの1冊に聖徳太子を取り上げたものがある。それによると、聖徳太子はユダヤの血流で、さまざまな奇跡をおこなった。そして、**真人を貴族**ととり、その貴族が聖徳太子の人格を試したが、見破られたのだとの解説をしている。ちょっと強引かなと思って「真人(しんじん)」を辞書で引いた。

注) トンデモ本とはピラミッド、UFO、消えたユダヤ10支族、日本超古代などに関して、学会・学説とは無縁のユニークな見解が記された、陰謀論・疑似科学本・オカルト本などのこと。作者の意図とは別の読み方で楽しめる。

『明鏡国語辞典』
① 仏教で、真理を悟った人。仏や羅漢をいう。
② 道教で、奥義を悟り、道の極致に達した人。至人。

『広辞苑』
まことの道を体得した人。

同書の理解とは違う。念のために、訓読みの「まひと」で探すと、『広辞苑』に項目を見つけた。

姓(かばね)の一種。684年の八色姓(やくさのかばね)の第1位。初め継体以後の諸天皇を祖とする公(きみ)姓の豪族13氏に、のち皇族が臣籍降下の際に与えられた。まうと。まっと。天武紀(下)「当麻(たぎまの)一広麻呂卒りぬ」

二義あるうち、どちらを生かすかで解釈も変わる。ここは「しんじん」のほうが順当だろう。それを裏づける解説文を次に引く。

ある日のこと、太子は道のほとりに倒れている飢者がいるのをみかけ、従者に食物と衣服を与えさせた。(翌日、飢者が死んでいるという報告を受け、葬らせた。)その数日後、太子は、飢者はただ者ではなく、真人(道教での悟りをひらいた人)ではないかといいだし、従者に見にやらせた。(果たして死体はなく、衣服のみが畳んで置いてあったという。)(『聖徳太子の真相』小林惠子、祥伝社新書)

■正解は1つではない

今度は漢文を読んでみよう。中国晩唐の詩人、杜牧(とぼく)の「江南の春」から。

千里鶯啼緑映紅
水村山郭酒旗風
南朝四百八十寺
<u>多少楼臺烟雨中</u>

(要旨)
はるか千里のかなたまで、鶯は鳴き、若葉が紅い花々に映えている。
水辺の村でも山辺の町でも、酒を売る旗や幟(のぼり)が春風に揺れている。
かつて栄えていた南朝の多くの寺々よ。
いまこの煙る雨のなか、いかほどの数の高楼が霞んでいることか。

さて問題。この句は、①懐古の情、②自然賛美、③季節の興趣のうち、どの気持ちが込められているだろうか。

高校の期末試験で私は③を選んだ。前に読んだ前野直彬(当時東大の中国文学教授)著の学参書に「春の興趣を感じているが、風景を愛でても懐旧の情にまでなっていない点が優れている」とあったからだ。だが、正解は①であった。

石川忠久の『新漢詩の世界』を繰ると、次のような解説がある。

後半は以上のように古い都のたたずまい、前半は明るい農村の晴の景色、全く違うものを二つ詠み込んでいます。では、ばらばらでどちらかに焦点が置かれているのかわからないじゃないか、というふうに感ずるかもしれませんが、実はそうではなく、ここで題を見つけなければなりません。「江南の春」です。唐の人々は江南という言葉を口にした時、頭に描くイメージがいくつかあります。まず南の方ですから気候は温暖、そして明るい、広々とした農村、美しい風景。と同時に、南朝の栄華を秘めた古い都のイメージ。この二つの柱を最も典型的な情景の中でとらえようとしたのです。懐古のムード、それは春雨の中でこそふさわしく、また明るい農村というものは見渡す限りの春景色の、晴れた天気の中でこそふさわしい、というわけで、この二つを詠み込んだのです。そう見てみると、この二つは非常によくとけ合って、わずか二十八文字の中に江南のムードをとらえてあますところがありません。

要するに、感じ方しだいで①でも③でもよいというわけだ。

このように、正解が1つに絞れる場合と、絞られず個人に任される場合がある。正解が1つしかない試験に慣れていると、正解がないことで不安になる人が多い。そんな気持ちは振り払い、とくに感覚的な文章などでは、堂々と自分の感じ方を大切にするのがよい。ただし、なぜそう思うのかを論理的に説明できねばならぬことは言うまでもない。

次は、ウイリアム・シェイクスピア(William Shakespeare)の『ハムレット』(*Hamlet*)、おなじみの一節。

To be, or not to be: that is the question:
Whether 'tis nobler in the mind to suffer
The slings and arrows of outrageous fortune,
Or to take arms against a sea of troubles,
And by opposing end them?

生か死か、それが問題だ。
どちらが男らしい生き方か
暴虐な運命の矢弾をじっと耐え忍ぶのと
それとも寄せくる怒涛の苦難に敢然と立ち向かい
闘ってそれに終止符を打つことと。

「アリマス、アリマセン。ソレハ何ですか」が、このハムレット第4独白の1行目の部分の本邦初訳だった。訳者は、風刺画で知られる滞日30年の漫画家チャールズ・ワーグマン(Charles Wirgman)。拙(つたな)くはあるが、beが「存在」を表すものであることはしっかり出ている。

直訳的には「存在すること、もしくは存在しないこと、それが問題だ」となる。「存在」を状態と捉えれば「この世に生きて在ること」、動作ととれば「このままでいること」となり、それで人により訳が変わってくる。

坪内逍遥は「永ろうべきか、永らうべきにあらざるか、ここが思案のしどころぞ」、福田恆存(つねあり)は「生か死か、それが疑問だ」、小田島雄志は「このままでいいのか、いけないのか」と訳している。これも前の「江南の春」と同じく、正解は１つでない例だ。そう思えば、自分でユニークな訳を付けてみようと気にもなるだろう。

次に、『論語』の「学而篇(がくじ)」から。

> 子曰、學而時習之、不亦説乎。
> 有朋自遠方来、不亦樂乎。
> 人不知而不慍、不亦君子乎。
>
> 先生は言われた。「学んだことをしかるべきときに復習するのは、喜ばしいことではないか。勉強仲間が遠方から来てくれるのは、楽しいことではないか。人から認められなくとも腹を立てない、それこそ君子ではないか」。(『完訳 論語』井波律子訳、岩波書店)

このくだりについて、一時代を築いた評論家の福田恆存が新説を出している。

> 論語は断片だから、あるいはこの一句の前に、『有朋去遠方不是樂乎』とでも言ふのがあって、それと対をなすものではなかったか。論語には対句の修辞学が多いから、想像できないことではない。弟子の一人が、遠国の王に迎へられでもしたのであらう、表向きはその栄達の餞けででもあるかのやうな形で、「かういふやうにして遠方に去って行くのは、むしろめでたいことではないか、お前たちも決して悲しむには當らない」とかなんとか祝辞兼激励の辞を述べておいて、この稀代の犬儒派は腹の中では「やれやれ、一人、厄介ばらひをしたわい」と喜んで、思はず口もとがほころびかけたのを、「これはいかん」と慌てて厳かな表情に戻って、「この男もまた帰って来る、遠くからたまに訪ねて来られるのも亦たのしいこととは思はぬか」とごまかしたのである。それで始めて「亦」がきいてくる。いづれにせよ、内心のうしろめたさを隠さうとしたその

反動で、あまり厳かになりすぎて、弟子たちがそれを神妙深刻に解釈しすぎたやうに思はれる。(『論争のすすめ』福田恆存、新潮社)

福田ほどの者が言うのならと思ってはみたものの、違和感がぬぐえない。井波の解説を見ても、「この章の発言はすべて『亦た～ずや』という、圧迫を感じさせない穏やかな問いかけの語調になっており、先生と弟子が自由かつ活発に語り合った孔子一門のざっくばらんな雰囲気を、おのずと明らかにする」とあり、疑問は解けない。

受験参考書には「不亦は反語・強調で、何と……ではないか」の意味とある。効率を求める受験ではこれでよいだろうが、「……もまた」の意味はないのだろうか。

疑問がぬぐえないときは、面倒がらず図書館で調べるに限る。『漢文の語法と故事成語』(笠間書院)に次の記述を見つけた。

亦　①並列。また。もまた。例:有功亦誅、無功亦誅。(功有るも亦誅せられ、功無きも亦誅せらる)　②添加。また。それでもなお。例:江東雖小、亦足王也。(江東小なりと雖も、亦王たるに足る)　③反語。また～ずや。なんとまあ～ではあるまいか、これ以上の～はない　例:不亦樂乎。(亦楽しからずや)

他書でも、「**不亦樂乎**」は単なる強意で、「**亦不樂乎**」だと日本語の「……もまた」と同じ意味になることが分かった。なるほど、英語で言えばnot＋頻度を表す副詞＝部分否定、頻度を表す副詞＋not＝全面否定のようなものか。福田に教えてあげたい気になった。

「また」は誰もが興味を抱くものと見えて、次のような一節もある。旧制一高の受験に失敗して、R大学の予科に通いながら俳優修業をしようと考える、都会の多感な少年の日記の体をとった太宰治の『正義と微笑』から。

きょうの漢文の講義は少しおもしろかった。中学校の時の教科書とあまり変わりが無かったので、また同じ事を繰り返すのかと、うんざりしていたら、講義の内容がさすがに違っていた。『友あり遠方よりきたる。また楽しからずや。』という一句の解釈だけに一時間たっぷりかかったのには感心した。中学校の時には、この句は、ただ、親しい友が遠くから、ひょっこりたずねて来てくれるのは嬉しいものだ、というだけの意味のものとして教えられた。たしかに、漢文のガマ仙が、そう教えた。そうして、ガマ仙は、にたりにたりと笑いながら、『たいくつしている時に、庭先から友人が、上酒を一升、それに鴨一羽などの手土産をさげて、よう！ と言ってあらわれた時には、うれしいからな。ほんとうに、この人生で最もたのしい瞬間かも知れない。』とひとりで悦にいっていたものだ。ところが、それは大違い。きょうの矢部一太氏の講義によれば、この句は決して、そんな上酒一升、鴨一羽など卑俗な現実生活のたのしみを言っているのでなく、全然、形而上学的な語句であった。すなわち、わが思想ただちに世に容れられずとも、思いもかけぬ遠方の人より支持の声を聞く、また楽しからずや、というような意味なんだそうだ。的中のけはいを、かすかにその身に感覚する時のよろこびを歌っているのだそうだ。理想主義者の最高の願望が、この一句に歌い込められているのだそうだ。決して、その主人がたいくつして畳にごろんと寝ころんでいるのではなく、おのが理想に向かって勇往邁進している姿なのだそうである。(『正義と微笑』太宰治)

2　大ワクをつかむ

■日英語の発想の違い

日本文と英文では論理構造が異なることを押さえておかないと、英文の誤読に繋がりかねない。何十年か英文を読んできて、自分で感じ、理解し、諸賢の説で納得したことを、本項で説明する。あくまで実践を旨としているので、誤差はご承知いただきたい。

英文では序論・本論・結論、日本文では起承転結になることが多い。次のように覚えておくといいだろう。

英語の発想の展開＝[序論 → 本論 → 結論]

三段論法も序論・本論・結論の変形で、帰納法だ。

A man should die. Socrates is a man. Therefore Socrates should die.
人は死すべきものである。ソクラテスは人である。よってソクラテスは死すべきものである。

個別の事象から総論を導く演繹もその変形。

Cogito, ergo sum.（ラテン語）
Je pense, donc je suis.（フランス語）
I think, therefore I am.（英語）
われ思う、ゆえにわれあり。

それに対して、日本文の修辞は「ひねり」が特徴である。

京都三条糸屋の娘、姉は十六妹は十四、諸国諸大名は矢で殺す、糸屋の娘は目で殺す

日本人は「ひねり」が好きなのである。時に、必要もないのに「転」を入れて、論旨が不明確になることもある。「ひねり」は我々の頭に意識せず収まっているものなので、逆に歴とした英文の文体が、その論旨は分かりながら何か窮屈で、日本語訳を付けてもしっくりこないこともある。翻訳する場合は、意識の流れに応じ言葉を補ったり逆に省いたりする。説得性という点ではこれも大切な作業だ。

では、具体例に見てみよう。なお、カッコ内の「星が百年に一度しか見えなければ、誰もが興味津々で星の情報を集めまくるだろう」に続く英文の意識の流れに注意。

(If we are curious about things, we have no difficulty in learning about things. It is because we are indifferent that we are dull. Emerson says that if the stars were visible only once in a hundred years, the whole world would await the spectacle with breathless

interest.) ＿＿ **We should know the map of the heavens as we know the map of England.** ＿＿ **They are visible every other night, and we hardly give them a glance from the cradle to the grave.**
そうしたら私たちは自国の地理と同じくらい星の位置にも精通しているはずだ。実際には、星は毎晩のように目に入るので、一生の間、誰も見向こうとしないのである。

論の展開を示す。

【序論】星がめったに見えないとしたら、その情報を集めるはず。
↓
【本論】そうしたら星の事は何でも知っていることになる。
↓
【結論】実際には毎晩目にするので星のことなど何ら関心を持たない。

下線部の接続語は英文にはない。カッコ内の仮定を受けて、we should know とあるので、その感じを「そうしたら」と入れねばならない。また、結論は仮定に対する現実の記述なので、接続語に「実際には」が必要になる。

■ SVO と SOV

I do not believe that children can be induced to apply themselves with vigor, and what is so much more difficult, perseverance, to dry and tiresome studies, by the mere force of persuasion and soft words.
子どものやる気を引き出し、無味乾燥で退屈な勉強にじっくり取り組ませる(やる気を引き出すよりもっとむずかしい)のに、説得とやさしい言葉という力だけでは充分でないと思う。(『ミル自伝』)

同時通訳者が、「日本人のコメントは最後まで聞かないと肯定か否定か分からないので苦労する」とぼやいていた。主文に否定が含まれた文章でも、上記のように訳すしか術はなさそうだ。

これを「私はそうは思わないのだが、……」「私は次のことを認めたくない……」は日本語として不自然。「まず無理だと思う、子供に……」なら日本語らしくなるが、無理が必要以上に強調されてしまう。解決には、日本人全員が納得するような、否定が先に来る新文体が生まれるのを期待するしかなさそうだ。

不自然さが少なくて済みそうなのは、舞台でのセリフだ。

「私が愛のワナに絡めとられ、もてあそばれているのだと、ここでお前に語るのを**許す**」

モリエール(Molière)の『エリード姫』(*La Princesse d'Élide*)のユリヤール王子の台詞を(S)OVで訳したもの。日本語として自然だが、これだと観客に台詞をずっと緊張感をもって聞く苦労を強いる。結論の「許す」に掛かる言葉が長いからだ。哀れにも役者は、どんな名優であれ、言葉を引っ張って、動詞につながるまで声を張り上げねばならない。

欧文（ここは仏文)のごとく(S) V Oにしてみたらどうか。

「ここでお前に語るのを**許す**、私が愛のワナに絡めとられ、もてあそばれているのだと」結論を先に出すから、観客が知りたい「何を」を役者はたっぷり演技で示すことができる。こうしたところから、日本語が改造できていればよいのだが。

■英文は「文頭重点」

「欧米の書物では、イントロダクションと冒頭の意味がきわめて大きい。その本の主張したいことは、この冒頭部分に展開される」と外山滋比古は前掲書で言う。日本でも新聞記事はそうだ。校閲部門がどこでも切れるように、大事な内容から入り、だんだん詳細になってくる。

「だが普通の日本語は、はじめを重んじない。何気ないことから書きはじめ、だんだん要点に近づく。最後がもっとも大切ということになっている。手紙文などでも、時候の挨拶から始まり、あとの方に大事な用件が出てくる」。どっちがいいという問題でなく、国民性・習慣性の問題である。

とはいえ英文では、繰り返すが冒頭が大切だ。書籍の翻訳をした人なら分かるだろう、最初の10ページぐらいまでは抽象的で、文意もとりにくく、気どりもみられ、文法的にも難解であることが多い。いつまでこんな嫌な文章が続くのかと辟易し出したころ、突然、まさに突然、平易で意味もとりやすい文章に変わる。文頭に作者の気持ちが凝縮しているからだ。

だから、翻訳するには、第二章あたりからざっと読んで流れを捉えたうえで、最初の部分にとりかかるのが効率的といえよう。これは裏技であり、かつ英文のクセの重要な処理法である。語学試験などでも、後半をしっかり読んでから、頭に戻ると、良い訳文が書けて点数も上がることだろう。

■パラグラフの意義

英文を読むには、一点を凝視する精読が当然大切だが、文のまとまりに注目することも重要だ。言葉は、語・句・節・文・パラグラフ・段落・文章の順に大きくなる。「パラグラフは1つの思想・情報がまとまった小さな塊」、段落は「それがいくつかまとまったより大きな塊」。これらの積み上げとして文章があり、文体ができるのだ。

難しい英文を読んでいて段落まで一気に進めないときは、パラグラフで一息入れるとよい。1つのパラグラフは10〜20行程度で、改行のしるしが入るのがふつうだが、著者・内容により不定であるともいえる。

パラグラフはそれ自体で意味が完結する思考の小単位なので、抽象から入って具象、そしてまとめの形になることが多い。これを知っておくだけでも、英文の読み方がずっと楽になるはずだ。

■英文のクセをつかむ

第1章でも取り上げたバートランド・ラッセルの『幸せの探求』(*The Conquest of Happiness*)から、**扇文**の例を引く。扇文は英語の典型的なレトリックの1つで、扇が開くように同じ形の表現が繰り返されるような構造になっている。

The happy man is the man who lives objectively, who has free affections and wide interests, who secures his happiness through these interests and affections and through the fact that they, in turn, make him an object of interest and affection to many others.

いつも心穏やかで、人への慈しみの気持ちと広い興味を持ち、それを喜びの糧としている人。するとその糧自体が他人から慈しまれ関心を示される元となり、自らの喜びもいやましになる。こんな人こそ幸せな人間といえる。

この英文は次のような構造になっている。

The happy man is the man
who lives objectively
who has free affections and wide interests
who secures his happiness through these interests and affections
and through the fact that they, in turn, make
him an object of
interest and affection to many others.

the man を修飾する who 節が扇を開くようにだんだん長くなる。3番目の who 節内の2つの through 句も後ろのほうが長い。こうした文構造は日本語にないから、そのまま訳したのでは、ダラダラして掛かり方が極めて不鮮明なものになってしまう。

英語は均衡を重んじる言語なのでこの形は破格だが、それがかえって斬新さを増すためにときおり使われる。訳はそれぞれ自分で工夫するしかあるまい。いや工夫するのが、翻訳の醍醐味。腕に自信のある向きには挑戦してみたくなる英文だろう。

次に**円環文**の例をアーノルド・ベネット(Arnold Bennett)の『文学趣味』(*Literary Taste*)から見てみよう。

Style cannot be distinguished from matter. When a writer conceives an idea he conceives it in a form of words. That form of words constitutes his style, and it is absolutely governed by the idea. The idea can only exist in words, and it can only exist in one form of words.

You cannot say exactly the same thing in two different ways. Slightly alter the expression, and you slightly alter the idea. Surely it is obvious that the expression cannot be altered without altering the thing expressed!

文体と内容は切り離せない。文章家がある思想を心に形づくるというのはある言葉を用いて形づくってゆくことなのだ。その特定の言葉が文章家の文体となるのだから、文体は文章家の思想によって有無をいわせず決まってくる。言葉があってこそ思想が存在できる。もっといえば、思想は一定の言葉となってはじめて存在できる。誰もふたつの違った方法で全く同じことを言えはしない。少しでも表現を変えれば、考えを少し変えることになる。表現内容を変えずに表現方法を変えることができないのは極めて明白である。

最初にずばり結論を言い切っている。その結論に至る筋道を長々と述べ、最後に言い方を変えて、最初と同じことを言っている。上から下にぐるぐる円を描いて回転、円環している文章なのだ。

また上記の文章の先頭部分は、それ自体がしりとりのようになっている。

When a writer conceives an idea he conceives it in a form of words. That form of words constitutes his style, and it is absolutely governed by the idea.
作家がある思想を心に思うとき、彼はそれを言葉の形で思い浮かべる。その言葉の形が彼の文体を形作る、それで文体は思想によって絶対的に支配される。

下線部に注目すると、an idea → a form of words → that form of words → his style → it → the idea と次々と言い換えられている。こういった**しりとり文**も英語のレトリックの１つで、遊び心に溢れたものだ。

また、**同義語反復**も英語では多用される。英語の同義語反復の意味は前にあり、あとは似たような語を並べるだけの用法である。

For the man who lives in a pre-industrial world, time moves at a slow and easy pace; . . .
工業化される前の時代に生きていた人たちにとって、時間はゆったりとしたペースで流れるものであった。

What magical forces or powers are responsible for good or bad fortune.
どんな魔力が運・不運を呼びこむのか。

同義語反復は万国共通だが、英語にはとくに多用されており、日本語なら 1 語で済ますところを、英語では 2 語にしている例が川端康成『山の音』に 30 数カ所あるという翻訳家の山岡洋一の興味深い指摘がある。

最後に、**音のそろえ**(韻を踏むこと)を見ていこう。

Again it came—a throatless, inhuman shriek, sharp and short, very clear and cold.
また聞こえた。喉を絞ったような奇怪な叫びが、瞬時鋭く、寒々しく澄んで。

sharp and short と clear and cold は、それぞれ頭の音を揃えてあり 1 語扱い。ともに後ろから前の名詞 shriek を修飾する。カンマはリズム重視で and の代わり。訳語もサ行で揃えてみた。意味よりも音のほうが大切。

My mother was standing very still and stiff, staring across the street at the little man.
お母さんは立ち尽くして、通りの向こうのおじいさんを見つめていました。

still and stiff は同義語反復。その前後も s の音を重ね、リズムを付けている。

■全体から部分を見る

1文ごと細かく見ることと、全体を俯瞰することが重要である点に日欧語の違いはない。

論理の流れを追い、この先こう展開するはずだと、見当をつける。そのとおりならめでたいし、見当が外れたらどこで読み方が違ったのか遡って考える。これを繰り返すことにより、作者の意図、呼吸に近づくことができる。原文と思いをひとつにしなければ、正しい解釈になどたどり着けない。

3 翻訳は誤魔化せない

翻訳学校の紙上講義を覗いた(講師は柴田裕之(やすし))。以下、バベルプレス発行の雑誌『eとらんす』から。

> 今日は、英語の時制のうち、現在形と進行形に的を絞り、直訳するとしっくりこないものの処理のしかたを考えます。
>
> まず、現在形ですが、① He teaches English. を直訳すると「彼は英語を教えます」となります。これでは、意味が釈然としませんね。内容から職業についての文だと判断し、「彼は英語を教えています」のように進行形を使って訳したり、「彼は英語の先生です」のように、名詞に変えて訳したりすると、よいでしょう。あるいは「英語の先生をやっている」のように、名詞に変えたうえで、進行形を使うこともできます。
> ② I am leaving for Paris tomorrow. という進行形の文はどうでしょう。直訳すると「私は明日パリに向かって出発しつつあります」という変な日本語になってしまいます。これは、現在行われている動作ではなく、近い未来の動作を表す表現なので、進行形で訳さず、「(私は)明日パリに向かって出発します」と現在形で言いきればはっきりします。
>
> このように③原文の内容をつかんだうえで、原文の時制や品詞に縛られずに訳すのが基本です。

■「英文和訳」の功罪

「直訳」を筆者やバベル翻訳学院はどう定義しているのだろう。翻訳業界でいう直訳は原文の構造を変えない。語義は基(コア)のものを採る。解釈は控える。文法的には正確であること、でおおむね一致している。だから、「訳文どんな感じでいきます?」「今回の原文、硬い内容だから、直訳調で行きましょうか」などという会話が日常的に交わされるのだ。筆者の考えていると推察される直訳は、文法的な正確さがないがしろにされている。翻訳素人がわけの分からないことを評して云う、「なんか直訳みたいで……(分かりにくい)」の直訳と同じだ。仮にも「翻訳大学院」の公開講座なのである。素人のレベルに用語の定義を引き下げてもらっては困る。そういう観点で見ると次のようなことが浮かび上がる。

さて、①については2つの問題点が挙げられる。

(1) 「英語を教えます」は瞬間的な動作または未来の行為ととられる恐れがあるので、直訳でなく、誤訳である。

(2) どうして「内容から職業についての文だと判断」できるのだろうか。論理的な説明がないのに学習者はどうやって「内容」を判断できるのか。今までの英語学習は、いわゆる「直訳」から「正しい訳」になる間がブラックボックスになっていて、自分の頭が悪いのか、あるいは英語は日本人の思考過程と異なる理解プロセスを踏む嫌な言語なのかと思って、学ぶのをやめた学習者が多かったのではないか(実は私もそうだった)。

ここは次のような簡単な説明をすればすむところだ。

> 英語には状態動詞と動作動詞があり、この teach は動作動詞。動作動詞の現在形(真理・事実・反復をあらわす)のうちの反復。つまり、過去も teach してたし、今も teach しており、これからも teach する。そういう人は職業としての教師である。だから「彼は英語を教えています」「彼は英語の教師です」となる。別の例では、He writes novels.(彼は作家です)が挙げられる。

②については、これも直訳ではなく、文法を無視したための誤訳だ。be ~ ing 形は大きく分けて、次の4つの意味がある。

1 現在進行中

例：We are arriving at Nagoya. もうすぐ名古屋です。
2　確かな予定
例：I will be having guests next Sunday. 日曜にお客がきます。
3　話者の感情
例：I'm hoping you will join us. ご一緒できると嬉しいのですが。
4　動作の反復
例：I am reading Hamlet these days. 最近、ハムレットを読んでいる。

I am leaving for Paris tomorrow. は tomorrow という未来をあらわす副詞により、2の意味にとれる。正しい直訳は、「私は明日パリに向かって出発することに決めて、準備も整っています」

③については、「原文の内容をつかんだうえで」ではなく、「文法的に正しく把握したうえで」としてほしい。英語はきわめて明晰な言語である。文法的に正しくつかめれば、自ずと内容はつかめるはず。

■翻訳不価値論

次の英文を訳してみよう。

The whole world is before me!

直訳すれば「世界は私の前にある！」だが、「私は前途洋々だ」としてはいけないだろうか。前者は、英語の発想をそのまま日本語にしたもの。後者は、日本語だったらこういう意味だとしたもの。このあたりを吉川幸次郎と大山定一が延々と議論した(『洛中書簡』秋田屋)。

ざっくり言えば「原文ではこう書いてある」からそのまま日本語に置き換えればよいとする吉川と、日本人が理解できる表現に直さねば翻訳の意味はないとする大山の論争だった。だんだん難しいやりとりになってきて、戦前のエリートはすごいとも、どうでもいいことに蘊蓄を傾け食傷気味、と思ったりする。堂々巡りになりそうなころ、「『文学研究』というテーマのうち、大山先生は前二字に力点をおき、(吉川)先生は後二字に力点をおいて、そこにこのやうな食ひちがひが生じたのでございましょう」と、弟子筋の手紙が割って入り、お茶を濁す形になる。

だが、この問題は現在まで解決されぬまま、尾を引きずっている。「私は前途洋々だ」は確かに意味を捉えているが、原文の言わんとするすべてを盛り込んでいるわけではない。これから、翻訳不価値論が生まれる。

予備校教師として人気を博した薬袋(みない)善郎の精力的な著書(『ミル『自由論』原書精読への序説』研究社)に「翻訳の限界」なる、以下の文言を見つけた。

> an intolerable dislike of smoking も an intolerant dislike of smoking も和訳すると「喫煙への耐えられない嫌悪」です。しかし、表している事柄はまったく違います。①「喫煙に対する、周りの人間には耐えられない嫌悪」「喫煙を耐えられないと感じて嫌う気持ち」とでも訳せば事柄がはっきりしますが、②やりすぎると翻訳ではなく説明になってしまいます。職業的な翻訳家は「自然な日本語として読めるようでなければ、翻訳書の存在意義はない」(山岡洋一)と考えていて読者もそういう翻訳を求めています。そのため、③翻訳は、事柄をはっきりさせることよりも、日本語の自然さ、簡潔さを優先する傾向があります。これが、私が言う「翻訳の限界」です。④翻訳がこういうものである以上、正確に内容を理解したい人は、翻訳を読んで直感的に感じとった事柄が文脈に適合するかどうかを自分で判断して、もし適合しなければ、別の事柄を考えるしかありません。⑤「翻訳の限界」の一つは「具体的な事柄」を解説することができず、読み手の判断に委ねざるをえない点にあります(⑥もう一つの限界は「文と文の論理的なつながりを」を解説できない点です)。

①について。英語を正しく読み解くことは、翻訳だろうが何だろうがまず必要なことである。この2つの名詞句の意味の違いを、薬袋は文に読み解くことで説明している。

> an intolerable dislike of smoking のベースにあるのは The dislike of smoking is intolerable. です。(中略) an intolerant dislike of smoking のベースにあるのは The dislike is intolerant of smoking. です。(中略) The dislike は、一種の synecdoche[提喩]で、dislike を持っている人

を表します。(同書 p. 240)

ベテラン翻訳者はもっと簡便な方法を知っている。第1章に登場した斎藤兆史のいう「意味素」「意味成分」(語彙や単語よりさらに小さい意味の単位)に分解するのだ。

-able は他動詞について**受け身**の意味を表す。例:governable ×支配できる　○支配されやすい ⇒ governability ×統治能力　○被統治能力

-ant は他動詞について**性質**を表す。例:ascendant 上り調子の、優勢な。

すると intolerable は「自分が(何かに)耐えられない」で、intolerant は「自分の性質が(何かに)耐えがたい」。だから、an intolerable dislike of smoking は「誰かの喫煙への嫌悪感は自分には耐えられない」であり、an intolerant dislike of smoking は「喫煙に対し自分自身が耐えがたい嫌悪感を持つ」になる。そこで「事柄をはっきりさせる」なら、前者を「**鼻につく嫌煙癖**」「**おぞましい嫌煙癖**」、後者を「**筋金入りの嫌煙癖**」「**身に沁みついた嫌煙癖**」などとすればよいだろう。

②について。翻訳には「(原文の構造を生かした)直訳」「意訳」「説明訳」がある。説明訳が悪いわけではない。あくまでニーズとのバランスだ。薬袋は職業柄「教室英語」寄りになっているのではないのだろうか。

③は、**事柄をはっきりさせたうえで、日本語の自然さ、簡潔さを求める**のが商品として通用する翻訳である。薬袋が引用した山岡洋一の言葉も、「英文を精密に読み解いたうえで、原作者が日本人だったらどう書くか」を暗に踏まえてのことなのだ。

④と⑤は原文と対照しやすいアンチョコ的な訳文についてだけあてはまる。

⑥は論理の流れ、もしくは意識の流れを、翻訳では追えないということか。「文と文の論理的なつながり」についてはp. 27 からの「大ワクをつかむ」で述べた。確かに、100% 原文を日本語に移すことはできない。それでも先にも言った「**原著者が日本人だったらどう書くか**」の一点に戻れば、訳者の個性・解釈は当然出るにせよ、原作者から文句を言われるような訳文は生まれるはずがない。いやむしろ翻訳のほうが明晰に原作を理解できるということだってありうる。これはのちほど反訳のところで述べる。

もう1つ気になったところがある。

> The organ of this superintendence would concentrate, as in a focus, the variety of information and experience derived from the conduct of that branch of public business in all the localities, from everything analogous which is done in foreign countries, and from the general principles of political science. (『自由論』第 5 章・第 24 節・第 5 文)

【訳文 A】
この監督の機関は、あらゆる地方の公的業務部門の行為や、諸外国でなされている類似の事がらのすべてや、政治学の一般原理から引き出される多種多様の情報と経験とを、ちょうどレンズの焦点におけるように、中央へと集めることになるであろう。(世界の名著 38『自由論』1968 年)

【訳文 B】
中央の監督組織は担当する部門について、各自治体での業務や、外国での類似の業務、政治学の一般原則から得られたさまざまな情報と経験を一元的に集める。(日経 BP クラシックス『自由論』2011 年)

この 2 つの訳について、薬袋は次のように述べている。

> 原文では the conduct と everything と the general principles の 3 つにそれぞれ from がついています。これから、集める対象は「情報と経験」で、the conduct と everything はそれを引き出す源泉だということがはっきりわかります。上記の翻訳文を作った人はいずれも当代一流の学者や翻訳家であって、この人たちは、論理的に内容を考えれば「から引き出される」「から得られた」がどこについているか①当然わかるはずだと考えているのです。私は翻訳者のこの「当然わかるはずだとする考え方」がよくないとか、まして、②この「翻訳」が下手だと言っているのではありません。読者が、翻訳の日本文から直観的に感じる意味を原文の意味だと思い込み、「わからない、難しい」と頭をひねっているケースが

あることを指摘しているのです。

①については、翻訳者は自分の訳文で原文と同じ効果を与えることに心血を注いでいるので、賛同できない。減点を避けるために、学生・生徒が意識して直訳をするのとは違うからだ。

②が指している訳は、下手ではないが、読者への配慮が欠けていると言うべきだろう。悪文を訳すのに疲れてしまって、校正がおろそかになったのではないか。

さりながら、翻訳が商品である以上、読みにくければ買ってもらえない。**読みやすく原文と等価になる訳文を、その気になればいつでも作れる実力を目指す**のが、本書のねらいであるから、上記2訳を改造してみよう。要点は、3つのfromでつながる並列を正しく訳すこと。

まず、from 1, from 2, and from 3となっていることに注目。最後のfromの前にandがあることで(列挙完了のしるし)、筆者の頭にはこの3つしかないことが分かる(p. 53参照)。上記の訳文は2つともandを「や」としたことで、この3つ以外にも例があるように感じさせてしまっている。

次に、並列するものをはっきりさせる工夫。**公文書では大きな並列の完了に「ならびに」を使うのを援用し**、訳文Aを直すと、「この監督の機関は、あらゆる地方の公的業務部門の行為、諸外国でなされている類似の事がらのすべて、ならびに政治学の一般原理、これらから引き出される多種多様の情報と経験とを、ちょうどレンズの焦点におけるように、中央へと集めることになるであろう」となる。

読点では区切りのレベルが分かりにくいので、ナカグロを使い、訳文Bを直すと、「中央の監督組織は担当する部門について、各自治体での業務・外国での類似の業務・政治学の一般原則、これらから得られたさまざまな情報と経験を一元的に集める」となる。

並列をはっきりさせたうえで「これらから」と念押しすれば(それでも不確かというなら「この3つから」)、掛かり方に戸惑うことはない。

■意味を狭める

漢語調のいわゆる直訳は、試験の点数を稼ぐにはよいが、意味が曖昧になることが多い。正しい理解には、意味を咀嚼して日本語らしくすることが必要だ。

まず、アメリカのウーマンリブの先駆け、フランシス・ライト(Frances Wright)の評伝からの引用。

> Her appearance before audiences to deliver lectures on women's rights shocked the public.

直訳は、「女性の諸権利を講義するための聴衆の前への彼女の appearance は大衆を驚愕させた」となる。では、問題。

1 appearance は「出現」「外観」「容貌」のどれだろう。

2 to deliver は「ための」か「ために」か。

3 集合名詞の audience が複数になっているのは何故だろう。

答えは次のとおり。

1 audiences ごとに違った「外観」「容貌」をするのはヘン。もしそうであれば appearances と複数になるはず。それで「出現」をとる。

2 形は appearance に掛かる形容詞用法「ための」。意味は She appeared before audiences to deliver lectures と読める副詞用法「ために」。訳が通っていればどちらでもよい。

3 いろいろな場所で講演を行ったから。

> **【柔らかめの訳】**
> 女性の権利に関する講演をおこなうために、彼女が聴衆の前に現れたことは、大衆を大いに驚かせた。
>
> **【硬めの訳】**
> 女性の権利を啓蒙すべく演壇に立つ彼女に、大衆はどぎもをぬかれた。

次の例として「文学の礎」についての英文を読んでみよう。

A sensitive and skillful handling of the language in everyday life, in writing letters, in conversing, making political speeches, drafting public notices, is the basis of an interest in literature. Literature is the result of the same skill and sensitivity dealing with a profounder insight into the life of man.

日常生活において、つまり手紙を書いたり、会話や政治演説をしたり、公式の通知を起草したりするときに、気をつけてたくみに言葉を使うことが、文学への関心の基礎となる。文学は、同様な技巧と感受性が人間の生活に対するもっと深い洞察を取り扱うところから生まれるのである。
(『英文解釈教室　新装版』伊藤和夫、研究社)

前半のinによる並列は、in A/, in B, in C(a, b, c)の形。Aが上位概念で、その詳細がB、C。BとCはいわば「重さ」が違い日本語では滑らかに並列しにくいが、英語の並列にはよくあること。訳に工夫したい。

問題は下線部の日本語。これでは意味がとれない。しつこく分解してみる。

A sensitive and skillful handling of the language
(日常生活での)言語の感覚鋭く技術巧みな操作
→【句を文にする】
We handle the language sensitively and skillfully.
(日常生活で)我々は言語を感覚鋭く技術巧みに操作する

the same skill and sensitivity dealing with a profounder insight into the life of man
人間の生活を(日常生活の時に比べて)より深く洞察する、これ(＝日常生活での言語を感覚鋭く技術巧みに操作すること)と同じ技術と感覚
→【句を文にする】
The same skill and sensitivity deals with a profounder insight into the life of man.

これ(＝日常生活で言語を感覚鋭く技術巧みに操作すること)と同じ技術と感覚が人間の生活への(日常生活の時に比べ)より深い洞察を取り扱う。
→【人間を主語にして言い換える】
We try to have an insight into the life of man more profoundly by using the same skill and sensitivity.
我々はこれ(＝日常生活で言語を感覚鋭く技術巧みに操作すること)と同じ技術と感覚を使って(日常生活の時に比べ)より深く人間の生活への洞察を得ようとする。

・deal with . . .「……を扱う」＞「(テーマとして……)に向かい合う」＞「……に対処する」
・insight「洞察」＝物事をよく観察して、その本質を見抜くこと。物事の奥底まで見通すこと。
・have insight into . . .「……を見抜く、洞察する」

【下線部の直訳】
文学というものは、日常生活において言語を(感覚鋭く技術巧みに)扱った正にその技術と感覚が、人間の生活を(日常と比べて)もっと深く見抜こうとする結果なのである。

【全文の意訳】
社会生活で、文書を記すときでも、談話や政治演説や公式通知の起草をするときでも、気をつけてたくみに言葉を使うことが、文学への関心の基礎となる。文学は、こうした技巧と感性を以て人間生活をより深く洞察するところから生まれるのである。

■読めるから訳せる

伊藤和夫の次の言葉は至言と言っていいだろう。

大学入試以後に、一般教養として、翻訳の訓練が行われることはない。いきおい、学生は、大学入試の訳出法が唯一のものであり、その種の訳文が十分に通用する日本語だと思いこんでしまう。彼らが大学卒業後にその方法で専門書を翻訳することが、大量の意味不明の翻訳書を我々の社会に横行させている。(『予備校の英語』伊藤和夫、研究社)

これは今も昔も変わらない。50年前に『誤訳——大学教授の頭の程』(有紀書房)を書いた九州大学教授の竹内謙二、40年前から20年のあいだ月刊『翻訳の世界』に「欠陥翻訳時評」を連載した上智大学教授の別宮貞徳も似たようなことを言っている。

伊藤は何も「翻訳の技法」を学べと言っているわけでない。以下の章でもふれるが、しっかり読めていないから、訳文が不確かになるのである。そして正確に読めているかどうかは訳文を見れば分かる、ということなのだ。京都学派のフランス文学者、桑原武夫、生島遼一には優れた翻訳があるが、師の落合太郎からことあるごとに、フランス語の勉強には翻訳が一番、誤魔化せないからと言われていたそうだ。日本語として完成し、意味内容を説得性をもって伝える訓練には、作文よりむしろ翻訳が適しているということなのだろう。

「英語自体から事柄が分かること、つまり訳せるから分かるのでなく分かるから必要なら訳せることが学習の目的……」(同)との伊藤の言葉は、本書でも繰り返し強調しておきたい。

■論理を訳文に反映させる

ここまで学んだことが理解できていれば、下線部の訳では満足できないはずだが、どこをどう直せばよいだろうか。原仙作と中原道喜の定評ある著書『英文標準問題精講』(旺文社)から。

In the village in which I live there is a pleasant doctor who is a little deaf. He is not shy about it and he wears a hearing aid. My young daughter has known him and his aid since she was a baby. When at the age of two she first met another man who was wearing a hearing aid, she simply said, "That man is a doctor." Of course she was mistaken. Yet if both men had worn not hearing aids but stethoscopes, we should have been delighted by her generalization. ①Even **then** she would have had little idea of what a doctor does, and less of what he is. ②But she would have been **then**, *and to me she was even while she was mistaken*, on the path to human knowledge which goes by way of the making and correcting of concepts.

(中原の試訳)
私の住んでいる村に少し耳の遠い愉快な医者がいる。この医者は耳の遠いことを気にしないで補聴器をつけている。私の娘は赤ん坊の時からこの医者と補聴器のことを知っている。娘が2歳の時、補聴器をつけた別の人に会って、「あの人はお医者さんよ」と無邪気にいった。もちろん、娘は間違っていた。しかし、かりにふたりとも補聴器ではなく補診器をつけていたとしたら、私たちは娘の導き出した断定を聞いて喜んだことだろう。①たとえ、**ふたりとも聴診器をつけていたとしても**、娘は医者が何を仕事にする人かということは、ほとんどわからなかっただろうし、また医者の人となりについては、なおさらわからなかっただろう。②だが、**ふたりとも聴診器をつけていたから、娘がこの人たちは医者だと判断したのであったとすれば**、娘は概念をつくり上げたり、それを訂正したりすることによって進んでいく人間の知識への道をたどっていたことになるし、*また父親の私の目からみれば、たとえ判断を誤っていたとしても*、知識への道を娘がたどっているのだと思われた。
*太字、斜体、網掛け箇所を、原文と訳文で対照させている。

【問題点】
(1) 太字にした2つのthenの訳は、太字にした2つの日本語に対応しているようだが、それでよいのか。
(2) 網掛け部分の訳は、これでよいのか。
(3) 斜体部分の訳が言葉足らず。

中原の訳文は内容は正しく捉えているが、日本語の論理展開にやや難がある。①をしつこく訳すと次のようになる。

> その場合(then)でも医者が何をするのかはもちろん、医者が何であるのかなどまず分かっていなかったはずだ。

語彙解説を補充する。

then：2人の人物が聴診器を付けている場合のこと(＝Both men had worn stethoscopes)

what a doctor does：医者のすること(聴診器で何をするのか)

what he is：医者という職業(who だと素性を示す)

②をしつこく訳すと次のようになる。

> だがその場合(then)娘は、概念を形作っては直して前へ進んでゆくという、人間が知識を得るに至る道程をたどっていることになったはずなのであるが、私からすれば、補聴器をしていることで医者だと誤って判断したケースにおいても、やはり娘は同じ道をたどっていたことになる。

文法と語彙面の解説を補充する。then は前の then と同じ。主節 she would have been (then) on the pass の仮定と、挿入節 she was (even while she was mistaken) on the pass の現実の対比になっている点にも注意。

中原訳であいまいな箇所は次の2つである。

i) 「……判断したのであったとすれば」では、判断の根拠の**仮定**になってしまう。

ここは**必然**に訳さねばならない。例えば「……判断したことになるが」。

ii) 「たとえ判断を誤っていたとしても」では、過去の**仮定**になってしまう。

ここは過去の**事実**に訳さねばならない。例えば「当然判断は誤っていたのだが」。

4　真の直訳とは

■難文に挑戦

本章の総仕上げとして、有名な難文を読んでみよう。イギリスの歴史家トーマス・カーライル(Thomas Carlyle)の著作『衣裳哲学』(*Sartor Resartus*)の冒頭だが、トップブランド大学の語学クラスで取り上げたところ誰もできなかったそうだ。2001年の東大の要約問題にも出題されて、難問題と評判になっている。

自信のある向きはいきなり訳してみよう。そうでない人は、英文の下にある訳文AとBを見比べて、どちらがよいか評価していただきたい。

> Considering our present advanced state of culture, and how the Torch of ①Science has now been brandished and borne about, with more or less effect, for ②five thousand years and upwards; how, in these times especially, not only the Torch still burns, and perhaps more fiercely than ever, but innumerable Rush-lights, and Sulphur-matches, kindled thereat, are also glancing in every direction, so that not the smallest cranny or doghole in ③Nature or Art can remain unilluminated, — it might strike ④the reflective mind with some surprise that hitherto little or nothing of a fundamental character, whether in the way of ⑤Philosophy or History, has been written on the subject of Clothes.

【訳文A】

我が国の文化の現在進んでいる有様を、そして①学問の炬火(きょか)がもう②二千五百年以上もの間振りかざされ擔ぎ廻されて或る程度の効果を挙げていることを、特に近頃は其炬火が、相變らず、いな恐らく愈よ益々勢猛に、燃えさかっているばかりでなく、それから火を分けて貰った數限りもない燈心草蝋燭や擦附木も亦四方八方に閃いていて、③自然界芸術界のどんな小さな隙間も小穴も光の及ばぬ所はないことを、考える時には、衣服の題目に關して、⑤哲学の方面でも歴史の方面でも、基本的の書物が今以て殆ど全く書かれていないことは、④心ある人に多少奇異の念を感じさせるのが當然であらう。

【訳文 B】

現在の文化が進歩した状況、そして②5千年以上の間「①科学のたいまつ」が、多かれ少なかれ効果を持ちながら至る所で振り掲げられてきたこと、そしてとくに現代において、そのたいまつが恐らくかつてないほどの激しさで、未だ燃え続けているだけでなく、そこから点火された無数の灯心草のロウソクと硫黄のマッチが、③「自然」と「人工」に関するどんなに狭い隙間や小さな穴も照らされていないことがないように、あらゆる方向に光を放っていることを考えてみると、――衣装というテーマに関して、⑤哲学の観点からであろうと歴史であろうと、これまでほとんどその基本的特性について書かれてこなかったことは、④思慮深い精神にとっていくらか驚きであるかもしれない。

詳しい解説は第3章でおこなうので、ここではとりあえず下線部の語彙のみ検討する。

① **science** (1)「科学」(2)「学問」、の両義あるが、(2)とするのはこの場合狭めすぎだろう。
Sの大文字は固有名詞化「ほかならぬ」の意。
A「学問」△　B「科学」○

② **Five thousand years**　A「二千五百年」はご愛敬。×　B「5千年」○

③ **Nature or Art**　A「自然界芸術界」×　B「自然」と「人工」△
語頭の大文字化と2語の対比より「神のつくった自然であれ人間のなす人工的なものであれ」と読む。or は選択でなく譲歩。

④ **the reflective mind**　A「心ある人」△　B「思索深い精神」△
「思索にふける心」⇒「知性ある人間」(mind は主として、優れた頭脳の持ち主の意)

⑤ **Philosophy or History**　A「哲学の方面でも歴史の方面でも」× B「哲

学の観点からであろうと歴史であろうと」×　ともに「学問」の意味で使っているので、統一したほうがよいだろう。

Aより Bのほうが悪訳の度合いが少ないし、読みやすいのではないか。Aは石田憲次。戦前の高名な英文学者(京都帝国大学英文科教授。日本英文学会会長)だが、訳文はいささかぎこちない。これを「学者らしく真面目な、原文に即した翻訳なのだ」という人がいるかもしれない。だがそうではない。上記わずかな検証部分だけでも、誤記が1箇所(これはご愛敬)、語義の吟味の甘さが2箇所、語法理解の不正確さが2箇所ある。好み云々で済まされてしまいがちな、訳すうえでの方法論を除いての問題個所なのだ。

石田の経歴をインターネットで調べていたら、どなたかの読書日記に「何か書いてあることがよくわからないが、ときどき面白い(岩波文庫・衣服哲学・石田憲次訳)」との評があった。これこそ、「いわゆる直訳」を的確に言い当てた言葉だろう。

「何か書いてあるかわからない」のは訳文が悪いからだ。それでも「ときどき面白い」のは原文に力があるからだ。だから文体はいじらずとも、前の5箇所を直すだけで、「何が書いてあるかわかる」訳文になるだろう。**「本当の直訳」とは、「文はギクシャクしていても、何が書いてあるかわかる」もの**であり、「**原文の構造を生かす以上日本語としての不自然さは出るにせよ、それが最低限のもの**」でなければならないはずだ。

今までのほとんどの英語教育者は、文法的にも語義的にも論理的にも検討されねばならぬ箇所を、厳密に検証することなく、前後の1、2行の中での整合性のみ合えばよいという姿勢でやっているから、かかるボロが散見されてしまうのだ。彼らの翻訳文が往々にして、原文から日本文に移る過程に派生する悪しき「中間生成言語」とでもいうべき様相を呈している所以だ。このような教員に教わった学生が正しい日本語での訳文を書けるはずがない。

ちなみに、訳文Bは私が出講している獨協大学の翻訳講座を前期受けた学生に後期の初日に任意提出課題として出し、翌週に受け取ったうちの最優秀答案。ただし、ヒントを1つ与えたことを告白しておこう。それは「これは頭でっかちな文章」という文言である。

他人のことばかりあげつらっては何なので、下に私の訳文を掲げる。私はくどいのが嫌いなのでさっぱりしたものになっているが、訳者の文体と理解いただければ幸いである。

> 5000 年前に灯された科学のともしびは連綿と引き継がれ、いささか世の役に立ってきている。近年では勢いづく灯火からもらい火したロウソクやマッチが其処此処のありとある天然・人為の暗がりを照らし出している。これらの事実と現代の進んだ文化状況を鑑みれば、哲学でも歴史学でも今までに衣服に関する意義づけがなされてこなかったのは、われわれ教養人にとっていまさらながらの驚きとはいえまいか。

コラム2　弘法も筆の誤り

「ここでちょっと、外国語に余り興味を持たれないかたのために、おせっかいを書くならば、西洋語と日本語というものは全然違っていて、『英語を自国語のようにしゃべる』ということを世間では、ただ修練によって達成しうることのようによく言うけれど、それは中々大へんなことで、『日本語をしゃべる』のとは異種の精神活動である。異種の言語の意識作用を用いなければならない。簡単な例でいうと、フランス語の通じる店がロンドンにある。その店では入り口のガラス扉に、『当店ではフランス語が通じます』と日本語でいえば書くところだ。それをその店ではフランス語で『ここではフランス語をしゃべる』(Ici on parle française)と書いている。それではパリの店では、英語が通じることを同じように、英語で『ここで人は英語をしゃべる』と書き出しているかというと、そうではなく『ここでは英語が話される』(English is spoken here)と書いてあるのである。いちばん普通な表現が、日英仏でそういうふうに違う。そしてそこに書いてあるような言い方が各外国語の言い方なのだ。よく欧米語の翻訳を、横のものを縦にする、と言うけれども、翻訳は決して横のものを縦にすることではなくて、他の国の言葉の言い方をその国の言葉の言い方に直さなくてはならないのである。」(『読書と或る人生』福原麟太郎、新潮社刊)

さすが英文学の碩学、私が「はじめに」で「原著者が日本人だったらどうするか」などと大上段に構えたことを、噛んで含めるような優しい言葉で納得させてくれる。

さはさりながら……Ici on parle française と「フランス語」の箇所が女性形になっている(français が正しい)のはどうしてなのか。イギリス人の外国語下手を示すために、張り紙の間違いをそのまま記したとは、論旨からしてとりにくい。まあ、語学名人でもケアレスミスがあると思うと、なにかホッとするではないか。

第3章　英文読解5つのポイント

なんで学校では教えないのだろう。残念というより、怒りがこみ上げる。さきほど挑戦していただいたい難文、トーマス・カーライルの『衣裳哲学』のさわりも、次の5つのポイントを理解していればスラリと読み解けることを納得していただこう。

1　接続詞

■ and にこだわる

長い文のあとに and が出てくるとほっとして、「そして」とやってしまいがちだが、それでは前後の意味が通じないことがあるだろう。深くは p. 145 以降に示した学習法に従っていただくとして、ここでは簡単に and の役割を示す。

【and の規則】

i)　同一の品詞、同一の形、同一の機能、同一の時制、のものを結ぶのが原則

例：She is sincere and honest.（形容詞、補語、性質の並列）

彼女は誠実で正直だ。

ii)　1, 2, 3, — and N の形が原則（N は任意の数）

例：He is kind, wise(,) and diligent boy.

あの子はやさしくて、かしこくて、よく働く。

and は次で列挙が完了するしるし。発話者の念頭には、3つの形容以外は存在しない。「そして」との訳は次の diligent が強調されるのでふさわしくない。

iii)　and が省かれているのは、列挙の未完了（場合により、リズム重視）

例：We are a nation of flower-lovers, but also a nation of stamp-col-

lectors, pigeon-fanciers, amateur carpenters, coupon snippers, darts-players, crossword-puzzle fans.
我々は花を愛でる国民であるが同時に、切手を収集し、鳩を飼い、日曜大工をし、クーポンを集め、ダーツに興じ、クロスワード・パズルを楽しむ国民でもある。

iv) 1 and 2 and 3 — and N の形をとるのは、各部分の強調
例：But what about potatoes and cabbages and carrots and onions?
でもジャガイモとかキャベツとかニンジンとかタマネギはどうなんだ？

【and の働き】

i) 対等(and の前後のいわば「格」が同じ)。代表的な訳語「と」「また」。
例：He is a writer and singer.　彼は作家兼歌手だ。

ii) ゆるい順接(対等に近い。ほぼ同時性を示すか、前からすんなり意識が流れる)。代表的な訳語「また」「そして」。
例：All of us sleep and dream.　誰も皆、眠り、夢をみる。

iii) きつい順接(時間の流れが感じられるか、少し因果が感じられる)。代表的な訳語「そして」「それから」。
例：We had a week in Paris and went to Tokyo.
一週間パリにいて、東京へ行った。

iv) 前節の帰結(and をはさんで、因果がはっきりしている)。代表的な訳語「それで」「だから」。
例：He was tired and went to bed early.　疲れていたので早く寝た。

v) 逆接(but に近い)。代表的な訳語「なのに」「だが」。
例：So rich, and he lives like a beggar.
金持ちなのに、彼は物乞いのように暮らしている。

vi) 付加(後半部分を強調する)。代表的な訳語「それも」「もっといえば」。
例：He likes to read, and to read out loud.
彼は本を読むのが、それも音読が好きだ。

では、and についての実例を見てみよう。

> [Considering {our present advanced state of culture}, ①**and**{ (how the Torch of Science has now been brandished ②and borne about, with more or less effect, for five thousand years ③and *upwards*); (how, in these times especially, not only the Torch still burns, ④and perhaps more fiercely than ever, but innumerable Rushlights, ⑤and Sulphur-matches, kindled thereat, are also glancing in every direction, so that not the smallest cranny or doghole in Nature or Art can remain unilluminated),}] . . .

この文に誰もが戸惑うのは、並列の規則の破格だから。独立分詞構文のconsideringが、unilluminatedまで支配し、その全体がこの後ろに来る主文に対して副詞的に働く、頭でっかちの文になっている。①は、{名詞句}と{名詞節}を対等に繋ぐ、いわば格が高いand。句と節の並列にとまどうし、句は短く節がやたらに長いので、不安になるのも致し方ない。②は、brandishedとborne aboutが対等。③は、five thousand yearsとupwardsが対等。この場合、upwardsは副詞だが名詞扱い。④は、付加的に続ける「しかも」の意。⑤は、RushlightsとSulphur-matchesが対等。

■ butは「しかし」ではない

次の英文は「人間は自分には甘く他人には厳しい判断をする」というサマセット・モームのもので、最後で具体例を示している箇所。

> To take a trivial instance: how scornful we are when we catch someone out telling a lie; but who can say that he never told not one, but a hundred?

「卑近な例を挙げよう。我々は誰かが嘘をついているのを見破ったとき、いかに軽蔑することか。だが、自分は一度でなく百のウソをついたことがない、と言える人間がいるだろうか」と大方の訳にはある。

だがこの日本語訳、おかしいと思わないだろうか。百のウソをついていたら1つのウソもついているはずだ。not A but Bは「AではなくB」ではあるが、ここは「Aは無論のことBも」と読まねばなるまい。訳としては「1つどころか百の」としたい。

butは次のような4つの機能がある。

(1) 対立「しかし」「だが」

例：I am old, but you are young. 私は年寄りだが、あなたは若い。

(2) 譲歩「けれども」

例：He is poor but happy. 彼は貧しいけれど幸せだ。

(3) 繋ぎ(明確な意味がないことが多い)

例：To be shot so young; but it is frightful, John!
あんな若さで殺されるなんて。怖いことね、ジョン。

(4) 強調(同じ語を連続する場合)

例：Her performance was perfect, but perfect.
彼女の演技は非の打ちどころがなかった。

not A but Bはほとんどは「AではなくB」でいいのだが、butに含みがあることを押さえて、論理的に矛盾しないように考える力も必要だ。

■ orは「あるいは」ではない

orに気をつけて次の英文を訳してみよう。

> I have no wish to have been alive a hundred years ago, or in the reign of queen Anne: . . .

死ぬのは恐くない、という文章の終わり部分。生まれる前のことを心配しないと同じく、死後のことなどどうでもいいだろう、と結論づける。

「私は百年前、or アン女王の御代に生れていたかったとは少しも思わない」。アン女王の即位が1702年で今の300年前になるから、orは「あるいは」だなと思うのが普通。だが実は、この文章が書かれたのは1800年前半なので、「すなわち」を採らねばならない。

orの機能をまとめて示す。

(1) 選択：選択、交換、択一、否定、曖昧

a. 選択「または」

例：I spend my holiday in reading, or else in swimming.
休日は読書か水泳で過ごします。

b. 交換「さもないと」

例：Go at once, or you will miss the train.
すぐに出かけないと電車に遅れますよ。

c. 択一「どちらか」

例：Either Tom or Susie is at fault.
トムかスージー、どちらかが間違っている。

d. 否定「……もない」

例：She doesn't smoke or drink.　彼女は酒もタバコもやりません。

e. 曖昧「……かそこら」

例：for some reason or another　何らかの理由で

(2) 換言：詳細、修正、変更

a. 詳細「すなわち」

例：the culinary art, or art of cookery　割烹術、つまり料理法

b. 修正「むしろ」

例：He is rich, or he appears to be.
彼は金持ちだ、いや、そう見える。

c. 変更「あるいは」

例：I cannot take credit for my competency or otherwise in English.
自分の英語の巧さというか下手さというか、を誇るわけにはゆかない。

(3) 列挙：列挙、譲歩、近似

a. 列挙「……とか」

例：Any Tom, Dick, or Henry
トムだろうがディックだろうがヘンリーだろうが

b. 譲歩「……でも」

例：Rain or shine, we'll go.　雨でも晴でも行きます。

c.　近似「……かそこら」

例：in five or six days　5、6日経ったら

2　カンマ

■カンマをめぐる戦い

アメリカの雑誌『ニューヨーカー』(*The New Yorker*)に有名なエピソードがある。某大作家がやたらにカンマを入れた文章を送ってくる。それを名物編集長が片端から削っていく。校正刷りで作家が元に戻す。編集長はまた削る。この繰り返し。どっちも間違っているわけではない。良い文章にする編集者と作家の命がけの対決なのだ。ことほど左様に、カンマはあってもなくてもよい場合が多いが、そこに込められた意味は確実に読み巧者には伝わってくるものなのだ。

【カンマの働き】

i)　挿入(句、または節の形で、文の主要要素の間に入る。カッコで括って考えるとよい)

例：He was, as a matter of fact, pretending to be ill.
　　彼は実は、仮病だったのだ。

ii)　言い換え(前言と同じ格で、言い換えたり、敷衍したり、詳細に述べたりする)

例：Here is Mrs. Martin, the new English teacher.
　　新しい先生のマーチンさんです。

iii)　文の区切り(句、節、文などを区切る。vi と区別しにくいことがある)

例：If you are ever in Tokyo, come and see me up.
　　東京に来たら、訪ねてきてください。

iv)　関係代名詞の非制限用法(先行詞の属性を述べる)

例：I sent it to Jane, who passed it on to John.
　　ジェーンに送ると、それをジョンに回した。

v)　並列・列挙(並列の and と共に用いるカンマ)

例：There were various kinds of musical instruments such as violins, clarinets, and trumpets.

バイオリン、クラリネット、トランペットといった楽器がたくさんあった。

vi) 読点の代わり(掛かり方を分かりやすくする。除いてもよい場合がある)

例：And whoever does not exert himself until he has a large power of carrying out his good intentions, may be sure that he will not make the most of the opportunity when it comes.

だから慈善を実行に移すのに充分な力がつくまではといって、いま力を尽くそうとしない人に、機が熟してもやるべきことをできるはずがないのである。

vii) 付加的に続ける(前の節で意味は完結しているが、さらに補足する)

例：In the midst of it you can see nothing but this wall, winding on into the distance.

その只中をうねうねとはるか彼方へと続くあの防壁だけしか目に入らない。

viii) and の代わり(リズムを出す。文体を締める)

例：It is not commonly brilliant, too often it is lamentably deficient.

それは必ずしも優れているわけでなく、哀しいほど出来が悪いことが多い。

では、カンマについての実例を見てみよう。

Considering our present advanced state of culture,① and how the Torch of Science has now been brandished and borne about(,② with more or less effect,②) for five thousand years and upwards; how (,② in these times especially,②) not only the Torch still burns (,② and perhaps more fiercely than ever,②) but innumerable Rushlights,③ and Sulphur-matches (,② kindled thereat,②) are also glancing in every direction,④ so that not the smallest cranny or doghole in Nature or Art can remain unilluminated,⑤ . . .

①は前の並列部分(our 〜 culture)が長いので、ここまでだと区切るしるし。②は挿入のしるし。③は、1 語をはっきり立てる、いわば日本語の読点の役割で、なくても意味は変わらない。④は so that 節(「それで〜する」)が始まるのをはっきりさせる役割。⑤は、considering 以下の独立分詞構文が終るしるし。

3　記号

知らなくても英文を読むことは読めるが、もどかしさが残るはず。正しく理解することで訳文に明晰さが生まれる記号のルールを 2 つ挙げる。

■セミコロンとコロン

セミコロンとコロンの機能を区別できていない人が多い。両者の機能の違いをしっかり押さえておこう。

【セミコロン】「;」

(1)　比較

例：Spenser ordered ham and eggs; Gladstone wine, fish and chips.
スペンサーはハムエッグを、グラッドストーンはワインとフィッシュアンドチップスを注文した。

(2)　対照

例：I like swimming; my sister hates it.
私は水泳が好きだが、妹は水泳が嫌いだ。

(3)　敷衍

例：I should say that it worked roughly like this; First, a line of rucksacks is placed on the market.　ざっとこんな具合にいったと思う。まず一連のリュックサックが市場に並ぶ。

(4)　大きな and の代わり

例：It is going to rain and snow; it is getting dark.
氷雨になりそうだ。日も暮れてきている。

【コロン】「:」

「以下詳細」のしるし。

例:This is what you should do: go home right now.

以下が君がすべきことだ。すなわち直ちに家へ帰ること。

記号の実例を見てみよう。

[Considering {our present advanced state of culture}, and { (how ①the Torch of Science has now been brandished and borne about, with more or less effect, for five thousand years and upwards)②; (how, in these times especially, not only ①the Torch still burns, and perhaps more fiercely than ever, but innumerable ①Rushlights, and ①Sulphur-matches, kindled thereat, are also glancing in every direction, so that not the smallest cranny or doghole in ③Nature or Art can remain unilluminated), }] ④— it might strike the reflective mind with some surprise that hitherto little or nothing of a fundamental character, whether in the way of Philosophy or History, has been written on the subject of Clothes.

①の語頭の大文字は、固有名詞化のしるし。ハイフンは造語のしるし。②のセミコロンは、前後の節( )( )(=共に名詞節)を並列する、大きなandの代わり。③の語頭の大文字と2語の対比により「神のつくった自然であれ人間のなす人工(人為的につくったもの)であれ」と読む。orは選択でなく譲歩。④のダッシュは、considering以下で長く説明の続いた条件句([ ]全体が副詞的にit以下に掛かる)の完了を示すとともに、その条件を総括し結論へ導くしるし。

4 掛かり方

掛かり方には、文法上の法則はない。それで学校では教わらないので、英語の実力者でも恐る恐る、文脈依拠しかないと自分をなだめ、訳している。だが大体はこう読むのがよいという通則はいくつかある。ここではその代表的なものを1つだけ取り上げる。

■掛かり方(修飾関係)のルール

N_1+N_2+M(N=被修飾語、M=修飾語)という形では、まずMはN_1、N_2に等しく掛かるとまず読み、それでおかしい場合に直近のN_2にのみ掛けるというのがルールだ。

例えば、I saw young men and women. なら、「若い男と若い女を見た」を優先し、それでおかしければ「若い男と、女を見た」と修正する。なぜ前者を優先するかというと、英語は平衡を重んじる言語だからである。

We find there Tom and Dick with heavy bags. なら、まず「重い鞄を抱えたトムと重い鞄を抱えたディック、を見つける」と読み、それでおかしければ「トムと、重い鞄を抱えたディック、を見つける」と修正する。

では、この実例を見てみよう。

> Considering our present advanced state of culture, and how the Torch of Science has now been brandished and borne about, ①with more or less effect, for five thousand years and upwards; how, ②in these times especially, not only the Torch still burns, and perhaps more fiercely than ever, but innumerable Rushlights, and Sulphur-matches, ③kindled thereat, are also glancing ④in every direction, so that not the smallest cranny or doghole ⑤in Nature or Art can remain unilluminated, — it might strike the reflective mind ⑥with some surprise that hitherto little or nothing of a fundamental character, ⑦whether in the way of Philosophy or History, has been written on the subject of Clothes.

①は、brandished and borne about に掛かる。②は、not only ～ but の文全体に掛かる。③は、Rushlights, and Sulphur-matches の両方とも、Sulphur-matched だけに掛かるともとれるが、文の均衡から両方に掛かるととるほうがいいだろう。④は、glancing に掛かるが、この in は「中に」でなく「の方向へ」の意味。⑤は、cranny と doghole 両方に掛かるととる

のが順当。⑥は、連関詞となって動詞 strike に掛かる。⑦は、whether のあとに it is が隠されている。その it は、a fundamental character。whether 以下が挿入になっており、that 節全体に掛かる。

5　日英語の誤差

生と死、のような定義に類するものは日本語と英語が完全に同じ意味でなければならないが、それ以外だとズレが生じ誤訳・悪訳の元となる。ここでは 8 つのパターンに分けて誤差を示す。

■日米語間の 8 つの違い

［図よるイメージ］

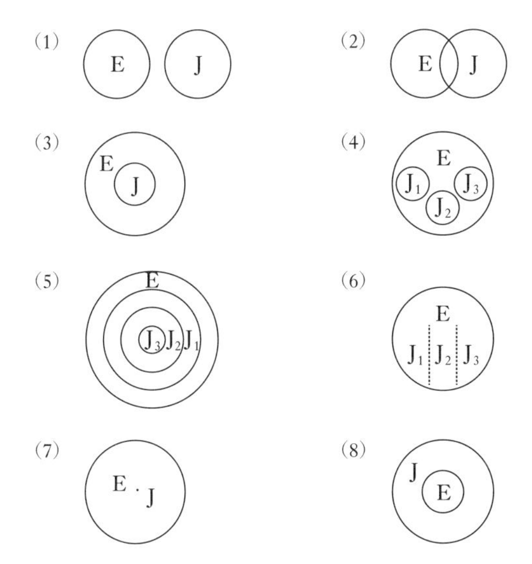

(1) **【英語×日本語】**英語と日本語で意味が異なる

・homely：「家庭的なお嬢さん」といえば良い意味だが、homely は不細工・質素・月並みなど、否定的なニュアンス（米用法）

・downtown：「下町」は生活が感じられる庶民の町だが、downtown は都心のビジネス街・官庁街・歓楽街。

(2) **【英語≒日本語】**英語と日本語で意味が一部重なる

・include：「含む」は大なるものに小なるものを加える場合が多いが、include は one of them で序列は含意しない。

・local：「その(特定の)土地の」であって、都会に対する「地方の」の意味はない。

(3) **【英語>日本語】**英語の中に日本語が包含される

・prince 日本語の「王子」は crown prince を指すが、prince は王族の血筋の濃い者、独立的諸侯、外国の高位の貴族、小国の君主など。

・morning 午前0時から正午まで。

(4) **【英語>日本語1、日本語2】**英語の中に日本語1、日本語2(異なる意味)が包含される

・confidence「信念；信頼；自信」／literature「文学；文献」

(5) **【英語>日本語1>日本語2】**英語の中に日本語1、日本語2(狭まる意味)が包含される

・power「力、権力、権能、職権、政権」／law「規則、法則、法律」

(6) **【英語＝日本語1、日本語2】**英語の中に日本語1、日本語2(語感の違い)が包含される

・people「人民、民衆、大衆、人々」／lesson「授業、課業、レッスン」

(7) **【英語＝日本語】**英語と日本語が一致する

・Japan「日本」／death「死」

(8) **【英語<日本語】**日本語の中に英語が包含される(あまり多くはない)

・医者と dentist：日本人の概念では歯医者も医者だが、あちらの感覚では歯の技師といったところ。

・十代と teenager：teenager は13歳から19歳で、その前は preteen(9歳から12歳)になる。

では、実例を見てみよう。

Considering our present advanced state of ①culture, and how the Torch of ②Science has now been brandished and borne about, with more or less effect, for five thousand years and upwards; how, in these times especially, not only the Torch still burns, and perhaps more fiercely than ever, but innumerable Rushlights, and Sulphur-matches, kindled thereat, are also glancing in every direction, so that not the smallest cranny or doghole in ③Nature or Art can remain unilluminated, — it might strike ④the reflective mind with some surprise that hitherto little or nothing of a fundamental ⑤character, whether in the way of ⑥Philosophy or History, has been written on the subject of Clothes.

① 「教養」は個人対象なので外す。「文化」「文明」のうち、広くとれば後者、狭くとれば前者。
② 「科学」「学問」のうち、前の culture との関連、かつ広くとったほうが説得性を増すので「科学」。また古くは philosophy(知恵を愛す、のギリシア語由来)は「科学」の意味でも使われていた。世の中が進化し、science が「科学」の専用語となり、さらに狭めて「(系統だった)学問」の意味になった経緯がある。
③ この世の中の2つの面を言っている。(神の作った)「自然」と(人の細工した)「人工」が釣り合う。「技術」「芸術」は Nature と不釣り合い。
④ mind は「精神」でも間違いではないが、キリスト教社会において、mind(heart「情」に対する「知」)を持つ生き物は人間だけと考えられているので、人間を暗喩していると考えるほうがよい。
⑤ 「性質」「個性」「人格」「資質」「特徴」「特質」「特性」など幅広い訳語が考えられるが、文脈 the subject of Clothes から、後者3つのうちから選ぶ。
⑥ これは共に学問の事を指しているので、「哲学」と「歴史学」がよい。

③の解釈を補強する文章を夏目漱石の『草枕』に見つけた。

> われわれは草鞋旅行をする間、朝から晩まで苦しい、苦しいと不平を鳴らしつづけているが、人に向って曾遊を説く時分には、不平らしい様子は少しも見せぬ。面白かった事、愉快であった事は無論、昔の不平をさえ得意に喋々して、したり顔である。これはあえて自ら欺くの、人を偽るのと云う了見ではない。旅行をする間は常人の心持ちで、曾遊を語るときはすでに詩人の態度にあるから、こんな矛盾が起る。して見ると四角な世界から常識と名のつく、一角を磨滅して、三角のうちに住むのを芸術家と呼んでもよかろう。
> この故に天然にあれ、人事にあれ、衆俗の辟易して近づきがたしとなすところにおいて、芸術家は無数の琳琅を見、無上の宝璐を知る。俗にこれを名けて美化と云う。(『草枕』夏目漱石)

漱石は英語の達人であり、トーマス・カーライルには親しんでいたから、彼の文章に英文の痕跡がほの見えることがある。「この故に天然にあれ、人事にあれ」のくだり、我々は「人事」と「天然」が並列しにくいと思うがさにあらず。「人事」とは、古い意味では「人間社会の出来事」を指す。「天然」は「自然」のこと。するとここは、(神の手になる)「自然」と(人間の手になる)「加工物」の意味になり、本文の Nature and Art と同じことを表していると読めそうだ。

コラム3　意味のないvery

veryを訳さず、編集者から文句を言われた翻訳者がいる。「そのveryは意味がないのですよ」と答えたら絶句されたそうだ。確かに、学校文法でそんなことはつゆ学ばない。意味のないは大げさだが、「とても」と程度を上げるわけでなく、強調したり、逆に語調を緩和したり、リズムを付けたりするveryは意外に多い。読み手の語感が試される。英文和訳の例では説得性がないので、信用のおける和文英訳例(山岡洋一が集めたもの)でみてみよう。

"Being a woman, I wouldn't know. But I doubt that that is the reason. I am sure he would like to do something, really. But somehow, he can't. I am **very** sorry for him."
「悟るの悟らないのって、――そりゃ女だからわたくしには解りませんけれど、おそらくそんな意味じゃないでしょう。やっぱり何かやりたいのでしょう。それでいてできないんです。だから気の毒ですわ」(『こころ』夏目漱石)

"Thank you," said Naoko. "You're **very** welcome," said I.
「ありがとう」と直子は言った。「どういたしまして」と僕は言った。(『ノルウェイの森』村上春樹)

'But I must say I find this a **very** irrational interpretation.'
「それはどうも不合理ですね。」(『河童』芥川龍之介)

A cold wind was blowing. The stars were unusually bright in a **very** black sky.
寒い風が吹いていた。黒い空には、星が砥いだように光っていた。(『点と線』松本清張)

第4章　英文精読4つの態度

1　徹底的にほじくる

以下に挙げるのは伊藤和夫著『英文解釈教室　新装版』の最終ページにある演習問題。若い頃、自分をなだめ、励まし、この難解な英語指導書を読み切った時の充実感は心に残っている。だがほっとしたのもつかの間、「待てよ、伊藤先生の解説は自分が知りたいことのすべてに答えてくれてはいないぞ」との気持ちがむくむく頭をもたげてきた。そしてもう一度、同書の例文を一点の曇りなく読み解こうと思い立ったのが、英語への自信につながる第一歩となった。

これ以上細かく切り裂けないというほど、しつこくしつこく文を腑分けし、納得できるまで自分の疑問に答えていく。これは、文章の全体を俯瞰する斜め読みと相俟った、英文読解の両輪だ。

■細かく分析する

では、実例を見る。次の英文はモンテーニュ（Michel Eyquem de Montaigne）の『随想録』（*Les Essais*）の信頼のおける英訳。原文は、このあとも文が続いている。ピリオドにしたため、choose がいささか不自然になっているが、ここでは問わない。

> ①I never travel without books either in peace or in war. ②Yet many days or months will go by without my using them. ③Very soon, I say to myself, or tomorrow or when I feel like it. ④Meanwhile time runs by and is gone, and I am none the worse. ⑤For you cannot imagine how much ease and comfort I draw from the thought that they are beside me, to give me pleasure when I choose.

では、1文ずつ検討する。

① I (1)never travel (2)without (3)books (4)either in (5)peace (4)or in (5)war.

【問題1】

(1) 2語が合体しています。分解するとどうなりますか。
(2) 連語になっています。どの語と結びつきますか。
(3) このbookは何冊ぐらいでしょうか。
(4) ここのeither A or Bは「AかBのどちらか」でよいですか。
(5) いつの戦争、いつの平和なのですか。

【1の解答と解説】

(1) =not ever。もっと言うと、=not ～ at any time
(2) neverの否定要素との連語。never(=not ～ at any time)内のnotと呼応し、「―せずに～ない」の意味となる。
(3) 冊数については言っていない。可算名詞の総称用法。「本なるもの」「本というもの」。
(4)「AとBのどちらも」either A or B (AかBかどちらか)が、前に否定語(通常はnot、ここではnever=not at any time)が来て、neither A nor B「AでもBでもない」の意味となる。
(5) 特定しない。不可算名詞の総称用法は冠詞がつかない。cf. the peace「或る特定時の平和」

② Yet (6)many days (7)or months (8)will (9)go by (10)without (11)my (12)using (13)them.

【問題2】

(6) manyは、どの名詞を修飾していますか。

(7) or の意味は何ですか。
(8) will は「……(する)でしょう」でよいですか。
(9) go by の by の品詞と意味は何ですか。
(10) without の役割は何ですか。
(11) my は所有格(私の)でよいですか。
(12) using の具体的な意味は何ですか。
(13) them は何を指しますか。

【2 の解答と解説】

(6) days と months の両方に掛かる。理由 1：M＋N_1 and N_2 の場合(M は修飾語、N_1 と N_2 は並列)、M は N_1 と N_2 に等しく掛かるのが通則。それで意味が取れない場合にかぎり直近の N_1 に掛けてみる。理由 2：days と months は同義語反復。英語はこのように似た意味の言葉を重ねるクセがある。二語の意味の差にこだわる必要はない。日本語でも歳月、月日、日々というがごとし。理由 3：many days (具体的な「多くの日々」)と months(総称用法で「月なるもの」)は並列しにくい。

(7) 譲歩。「日だろうと月だろうと」→「日も月も」。例：Rain or shine, I'll go.「雨でも晴れでも行きます」

(8) 習慣を示す。前後が現在形なのでここを未来ととる必然性がない。訳は「……するものだ」。現在形にしたら 100% そうなることになってしまう。

(9) 副詞。「過ぎて」の意味。go だけでも意味は通るが、リズムがなく味気ない。

(10) 肯定文の付帯状況「……しないで」「……しないまま」。

(11) 主格。「私の使用」→「私が使うこと」。所有格に見えても、中身は主格の例は多い。

(12) 読むこと。use は「＜ある目的のために＞用いる」こと。ここでは文脈から「読むこと」。

(13) books。前にある可算名詞のうち days も months も常識的に use と合わない。

> ③ Very soon,(14) (15)I say to myself ,(14) (16)or tomorrow (16)or when I feel like (17)it.

【問題3】

(14) I say to myself の前後のカンマの意味は何ですか。

(15) say to myself の意味は何ですか。また、何を I say to myself するのですか。

(16) 2つの or の意味は何ですか。

(17) it は何を指しますか。

【3の解答と解説】

(14) 挿入のしるし。前後のカンマが挿入節であることを示す。

(15) 内心の声。「心の中で言ってみる」。独り言を言う、は talk to oneself。この部分を除いた Very soon 以下 feel like it までが、具体的な say の内容。

(16) 言い換え。A or B or C 考えが次々変わる感じを出すため(いや……、いや……)or が重ねて使われている。

(17) =using them。it は「文中で問題になっていること」を指す。単語、句、節、文、あるいはこの辺りとしか言えないこともある。ここでは「本を読みたいと思うこと」。

> ④ Meanwhile (18)time (19)runs by (20)and (21)is gone (20), and I am (22) none the worse.

【問題4】

(18) time はどんな「時」ですか。

(19) run by の by の品詞と意味は何ですか。

(20) run by and is gone のアンドと , and のアンドの違いは何ですか。

(21) has gone でなく、なぜ is gone になっているのですか。

(22) none the worse のあとに省略されている語句は何ですか。また、

none the worse の the の品詞と意味は何ですか。

【4の解答と解説】

(18) 総称用法。どの、いつの時間とは言ってない。一般的な「時間というもの」。

(19) 副詞。前の go by の by と同じ役割。「過ぎて」。

(20) 対等と逆接。前のアンドは run by と is gone を対等に結ぶ。後のアンドは but に近く「なのに」。

(21) 状態を示す。「行ってしまって今いない」状態。gone は形容詞ととるのがよいだろう。has gone(現在完了)だと「行ってしまった」行為に力点。

(22) for not using them。高級な文章では、省略が多い。文のどこかに既に示されたものを探して復元する。また none the worse for が一種のイディオムになっているので、for は自然と予感される。全体で副詞句になっている。none： 副詞「少しも……ない」＋the： 副詞「その分だけ」(not using them 対して)＋worse：形容詞。bad の比較級「より悪い」(「読むこと」に比べて「読まないこと」で)＋for：原因・理由を示す前置詞「……のわけで」。

> ⑤ (23)For (24)you cannot imagine (25)how much (26)ease and comfort I draw from the thought (27)that (28)they are (29)beside me, to give me pleasure when I (30)choose.

【問題5】

(23) for は「というのは……だからだ」でよいですか。

(24) you は誰を指しますか。

(25) how の品詞は何ですか

(26) ease と comfort の違いは何ですか。

(27) the thought that の that の品詞と意味は何ですか。

(28) they は何を指しますか。

(29) beside me, のカンマは何を意味しますか。

(30) choose のあとに省略されている言葉は何ですか。

【5の解答と解説】

(23) 訳さない。for は、等位接続詞。文語的・補足的・主観的・個人的、であって前後を結ぶ論理性が薄い。付随的な理由、判断の根拠を述べる(「何でそんなことを言うかというと」の感じ)、ともいえる。「……だからだ」として訳文がおかしくなければ、そうしてよいが、そうでない場合はあえて訳さなかったり、別の接続語句を考えるとよい。

(24) 一般人称。特に誰と言わず、自分も含めた人々。we、you、they、one それぞれが一般人称だが、we(現代人、自国民など)は they が意識され、they (他国民、古代人など)は we が意識される。you は中立的。one は文語的。

(25) 疑問副詞。この how は感嘆文を作る疑問詞だが、ここでは全体が「いかに……であるかという事の次第」という意味の名詞節として imagine の目的語になっている。

(26) 同義語反復。「安らぎと慰め」。同じような意味の言葉を並べ、語調を整えている。

(27) 接続詞。前の名詞に対する同格となる名詞節を導く接続詞「……という」。

(28) books 文脈から「本」に絞られる。

(29) 付加的。カンマの前までで意味は完結してる。それに情報を付け加えるためのカンマ。また次の to 以下が前の they are の are に掛かるのを示すしるしとも読める。

(30) to use them。choose to do で「＜人が＞……することを決める」(V＋O)。to use them は、前出の using them が to 不定詞に姿を変えて補われる要素となったと考える。他動詞「選ぶ」を訳語とするには、省かれた目的語として one of the books などが考えられるが、本文中にこれに相当する語句が存在しないので不可。自動詞「望む」は、望む内容と結果との結びつきが弱い(掛かる言葉である be「存在する」が遠すぎる)ので良くない。

【伊藤訳】

> 私は平時でも戦時でも、旅行するときは必ず書物を持ってゆくことにしている。しかし、何日、何か月たっても、それらの本を読まないことがある。もうすぐ、いや明日にでも、いやその気になったら読もうと、私は心に考える。その間にも時は流れ過ぎ去ってゆくが、だからといって、私は別にどうということもない。というのは、書物が私のそばにあって、私がその気になれば喜びを与えてくれると考えることから、どんなに多くのやすらぎと慰めを得ているか、とても想像できないほどだからである。

大体よいが、for を「というのは」と訳して、前後の脈絡が乱れている。

【柴田訳】

> 平時でも戦時でも、旅にはいつも本をもってゆく。そのくせ何日も何か月も読まずに過ぎる。もうすぐ、いや明日、いやその気になったら、と心にいいきかせる。そのまま日は去り月はゆくが、何がどうなるわけでない。わかっていただけるだろうか。本がいつもそばにあって、読もうと決めればいつでも満ち足りた気分になれると思うだけで、わたしの心はおおいに安らぐのだ。

2　徹底的に疑う

英文を読んで、これは月並みな解釈かなと思ったら、もう一度考える。常識を疑い、カンを鍛え、自分の読み方に自信を持てるようする訓練を繰り返そう。

■誤訳の恐ろしさ

すこし長いが中原道喜『誤訳の構造』(聖文新社)から引く。

> 　しばらく前に、“読書人の雑誌”をうたうある雑誌に、「日記のなかから」と題する、カトリックと深いかかわりをもつ　ある高名な作家による巻頭随筆がのっていた。次のような書出しだった。

一昨日、それを読んだために非常に衝撃を受けた言葉がある。
フィリップ・ストラトフォードの「信仰と文学」という本のなかの一節だ。……

インターヴュで老いたモーリアックはこう言ったという、「私は小説のなかで信仰を失ってしまった」と。

そして、このくだりは、次の言葉で締めくくられている。

(……小説家であるよりも信仰を守ろうとした……)その彼が晩年に至り、「小説のなかで信仰を失ってしまった」と告白したのが本当とすると、私は愕然とせざるをえない。この事をこれから考えてみねばならない。

引用文を枕とした名随筆である。ところが、実は、この引用文が誤訳なのである。多少とも、翻訳文を原文に還元して読むという習慣のある人ならば、この引用文の原文をすぐに推定して「ひょっとして?」という疑いを抱くはずである。筆者もそのような疑念を抱き、念のため原著を取り寄せてみた。はたして推測どおりであった。すなわち原文は

“I have lost faith in the novel.”

となっているのである。つまり、モーリアックは
「私は小説のなかで信仰を失ってしまった」
などと言っているのでは少しもなく、
「私は小説というものに対して信念を失ってしまった」
と言っているのである。これならば、愕然たる思いを誘うことにはならなかったものと察せられる。

翻訳の恐ろしさをよく伝えてくれるエピソードだ。だが直しの部分がいけない。「小説というものに対して信念を失う」では「どんな信念?」と聞き返されてしまう。少なくとも「小説への信念」「小説に対する信念」ぐらいにしてほしい。

lost faith in は、「……を信用できない」「……への信頼を失う」だから、しつこく訳せば「小説というものに信を置く気持ちを失った」ということだ。「……に対して」とのコロケーションを生かしたいのなら「信頼」が名詞として続くべきだ。

ところで、モーリアック(François Mauriac)はフランス人だから、本当の「原文」はフランス語のはず。調べ方が悪いのか見つからなかったが、英語を逐語訳で仏訳すれば、J'ai perdu (la) confiance dans le roman. とでもなるべきところ。この「高名な作家」とは遠藤周作と思われるが、遠藤はフランス語に堪能であった(慶應大仏文卒。戦後の第一回カトリック留学生として渡仏)。その遠藤が、原文は何なのだろうかと考えなかったとは思えない。ひょっとしたら、孤狸庵と自らを称した遠藤の、誤訳の恐ろしさを人に知らしめようというオトボケなのかもしれない?!

■接続詞 for の正しい理解

イギリスの耽美主義の作家、オスカー・ワイルド(Oscar Wilde)の童話『わがままな大男』(*The Selfish Giant*)の冒頭部分を次にかかげる。注意深く読み、疑わしい箇所を見つけていただきたい。

> One day the Giant came back. He had been to visit his friend the Cornish ogre, and had stayed with him for seven years. After the seven years were over he had said all that he had to say, for his conversation was limited, and he determined to return to his own castle. When he arrived he saw the children playing in the garden.

2 つの訳を示しておく。

> ある日、大男が帰ってきました。友達のコーンウォールの人食い鬼(おに)を訪ねにいって、七年間もいっしょにいたのでした。七年たつと、大男は話すべきことはみんな話してしまいました、話題にも限りがあったからです、それで自分の邸(やしき)へ帰ろうと決心しました。もどってみると、子供たちが庭で遊んでいました。(西村孝次訳、新潮文庫)

> ある日、大男が帰ってきました。友達のコーンウォールの人食い鬼の元を訪ねていって、7 年間一緒にいたのです。7 年たつと、大男は話すべきことはみんな話し終えてしまいました、というのも、大男にはあま

り話題がなかったからです。帰ってみると、子どもたちが庭で遊んでいるのを目にしました。(『モーツアルトで癒す』アルク)

「七年たつと話すことがなくなった」理由として、「話題に限りがあるから」と新潮版はとっているが、そんな当たり前のことをワイルドともあろう文人がわざわざ書くだろうか。

アルク版は「話題がないから」(物事への興味が薄いということか?)を理由としているが、だったらせいぜい1、2年で話し終えるのではないか。そこで点検していく。

「話題にも限りがある」では、「人と人の間で話す事柄には限りがある」と読めてしまう。その場合の「話題」はthe topics of conversationとでもなろう。his conversationとなっているところに注目。このconversationは「社交的な話術」(=ability to talk socially with others)の意味。またlimitedは他動詞limit「限界を設ける」の受身形ではなく、「想像力に乏しい、思考の独創性に欠ける」の意味の過去分詞形の形容詞。His conversation was limited.= He was limited in conversation. つまり、大男は口下手、と言っているのだ。

「七年たつと、大男は話すべきことはみんな話してしまいました」もまずい。これでは、大男が人食い鬼とよもやま話をずっとしていたかのようだ。直訳は「七年たった後では、大男は言わなければならないすべてのことを言い終わりました」——七年かかってやっと言うべきことを言い終えたのである。

もう1つ、英語を仕事にしているかなりの人がforを正しく理解していないようだ(p. 74参照)。それで「というのは……だからだ」式の因果関係の強い訳をあてはめて、論理が通らなくなる、またはアルク版のように、無理に前後を結びつけようと論理を曲げてしまう(話題にも限りがあったからです)ことになる。

【修正訳】

七年かかってやっと、大男は話すべきことを全部言い終えました。なにしろしゃべるのが、苦手だったのです。

3　徹底的に固める

■必ず裏をとる

訳はできても、意味が自分で分からない、この訳で通用するか不安になることがある。そんなことのないように日頃から、ウラをとる訓練を心がけて、自信をもって自分の訳を提供できるようにしたい。

「欲望の科学」(*Chemistry of Desire*)という一般向けの科学読み物を素材に検討しよう。

Though we generally think of alcohol and tobacco as recreational agents, they, too, were originally employed as medicine. In the late sixteenth century, Jean Nicot, the French Ambassador to Portugal, relayed to the French Royal Court the remarkable therapeutic effects of tobacco. His success as a courtier was assured when he used the drug to cure the migraine headaches of Catherine De Medicis, ①wife and Queen of Henry II of France. When the major active ingredient in tobacco was ②isolated in 1829, it was dubbed nicotine in honor of Ambassador Nicot's contributions.

The coca plant has been used since antiquity by the Peruvian Indians, providing them with energy to carry heavy bundles through the high altitudes of the Andes. Cocaine was ②isolated as ③the active ingredient of the coca plant in the late nineteenth century, and ④characterized clinically by Sigmund Freud some ten years before he first began practicing psychoanalysis. Freud also used cocaine to relieve depression and enhance mental function. ⑤His works on cocaine led to widespread medical use and soon to an appreciation of the drug's extraordinary addictive properties.

アルコールやタバコは気晴らしのためのものと考えられているが、これらも元々は医薬品として用いられていた。16世紀後期、ポルトガル駐在のフランス大使ジャン・ニコはタバコの目ざましい治療効果を、フランス宮廷に報告した。ニコはこの薬を用いて、①フランス国王アンリ

2世の妃であるカトリーヌ・ド・メディシスの片頭痛を治し、廷臣としての成功を確かなものとした。1828年にタバコの主たる活性成分が②単離されると、それはニコ大使の貢献を称え、ニコチンと名づけられた。

植物のコカはアンデス山脈の高地で重い荷物を運ぶ活力を得る薬として、ペルーの先住民が古代から用いてきた。コカインは③コカの活性成分として19世紀後半に②単離されており、ジークムント・フロイトは精神分析を始める10年ほど前に、コカインの特性を④臨床例で明らかにした。フロイトはまた、うつ病を治し、精神機能を高めるのにもコカインを用いている。コカインに関する⑤彼の実体験により、この薬の医学的使用が広がり、やがてその強い嗜癖性が知られることになった。

【問題】

(1) ①はなぜ wife and Queen となっているのだろう。
(2) ②の訳語は「単離」「分離」どちらがよいだろう。
(3) ③の訳はこれで良さそうだが、どういう意味か。
(4) ④は具体的にどういうことか。
(5) ⑤の works の実体は何か。

【解答と解説】

(1) wife and Queen of Henry II of France「カトリーヌ・ド・メディシス(メディチ)1519–1589」フィレンツェのメディチ家出身、フランス国王アンリ2世の妃。のちに3人のフランス王(フランソワ2世、シャルル9世、アンリ3世)の母でシャルル9世の摂政となる。

称号としての Queen は、①「女王」＝女性の元首(国王と同等の地位。大文字で示すことが多い)、②「王妃」＝国王の妻、の2つを指す。ここは王妃であり女王(同然の力をもっていた)ととるのがよいだろう。例：Queen Marie Antoinette, the wife of Louis XVI「ルイ16世の妻マリー・アントワネット王妃」

(2) isolate ①「分離する」(細菌学)、②「単離する」(化学)、③「絶縁する」(電気学)のうち②。

(3) active　①「活性がある」(化学)、②「放射性の」(物理)のうち①。／ingredient　①「成分、要素、原料；材料」、②「構成要素(分子)」のうち①。「活性成分として単離された」。
例：「薬の成分」the (active) ingredients of a medicine。the coca plant としているのは、コカの木(coca)の葉っぱ(plant)から、を念押ししている。
(4) characterized clinically 事実を調べ確認すると、フロイド自身が自分を実験材料にして、診察・治療し、症例をいろいろな角度から分析、そこから全体的特徴を明らかにした。
(5) works 不可算名詞で「仕事」、可算名詞で「著作」だから、後者「著作物」「研究書」としたいところ。だがフロイドにこの方面の知られた刊行物はない。この可算名詞化は、現場での仕事「実作業」ととるのがよいだろう。

4　とりあえず口に出す

大脳生理学からしても、声に出すのはよいことだそうだ。英語を読み解くうえで、忘れていた文法を思い出し、新たな発想が得られ、いい訳語も浮かぶ。脳の内部が刺激されるわけだ。ここではエンターテインメント小説(Roald Dahl 'Madame Rosette')の冒頭部分を取り上げる。砂漠の基地にいた飛行士二人が久々の休暇をカイロで過ごす、その冒頭場面。

> 'OH JESUS, THIS IS wonderful,' said Stag.
> He was lying back in the bath with a Scotch and soda in one hand and a cigarette in the other. The water was right up to the brim and he was keeping it warm by turning the tap with his toes.

私ならこの英文とそれに続く英文をどのように訳すか、心の中のつぶやきとともに紹介したい。

■翻訳者の独り言を公開

数か月ぶりの風呂だ。「極楽極楽」といきたいがイギリス人だもの、「ああ、いい気持ちだ」でいいか。「湯船にそり返りスタッグは言葉をもらした」、いや「言葉をもらす」というのは緊迫していて、思ったことがふと言葉になる感じ。こうした場面では使わないな、「つぶやいた」「思わず口にした」「声をもらした」ぐらいか。

「片手にスコッチのソーダ割りを握り、もう片方ではタバコをはさんでいる」

はさむはおかしいな。両手の動作の格を揃えて「離さずにいる」「もてあそんでいる」。

「あふれんばかりに湯をはり、蛇口を足でまわしていい湯加減を保っていた」

保つだと、翻訳調になっちゃうな。「にしていた」「に案配していた」か。

> He raised his head and took a little sip of his whisky, then he lay back and closed his eyes.
>
> 'For God's sake, get out,' said a voice from the next room. 'Come on, Stag, you've had over an hour.' Stuffy was sitting on the edge of the bed with no clothes on, drinking slowly and waiting his turn.

「頭だけ起こしてスコッチを口に含むとまた湯船にもたれて目を閉じた」

湯船にもたれたら沈んじゃうか、「へりに頭をあずけ」にしよう。

「頼むからいいかげん出てくれよ、早くさあ、もう一時間は経つんだぜ、と向こうの部屋から声がした」

これはいいよね。

「スタッフィは裸のままベッドの端に腰かけ、自分の番が来るまで だらだらと酒を飲んでいた」

ここ、別の人物、スタッフィに視線が移るところだ。映画ならアップ、舞台ならスポット。「スタッフィが」と強調し、文末は現在形「飲んでいる」でいいカメラワークになるぞ。それと、「番が来るまで」じゃどうでもいいことのように思えるな。「番を待って」だ。風呂が空くまで耐えてるんだもの。ゆっくりと飲むけど、だらだらなんかじゃない。「ちびちび」か「すこしづつ」だな。

> The Stag said, 'All right. I'm letting the water out now,' and he stretched out a leg and flipped up the plug with his toes.

「わかった、今お湯を抜くからと言い、スタッグは足を伸ばしてつまさきで栓を引っこ抜いた」。うーん、原文通り直接話法のほうが、臨場感が出そうだ「『わかった、いまお湯を抜くよ』そう言って、」。

全体はこんな具合の訳になる。

「ああ、いい気持だ」

湯船にそり返りスタッグは声をもらした。片手にスコッチのソーダ割りを握り、もう片方ではタバコをもてあそんでいる。あふれんばかりに湯をはり、蛇口を足でまわしていい湯加減に案配していた。

頭だけ起こしてスコッチを口に含むとまたへりに頭をあずけて目を閉じた。

頼むからいい加減出てくれよ、早くさあ、もう一時間は経つんだぜ、と向こうの部屋から声がした。スタッフィが裸のままベッドの端に腰かけ、自分の番を待ってちびちび酒を飲んでいる。

「わかった、今お湯を抜くよ」そう言って、スタッグは足を伸ばしつまさきで栓を引っこ抜いた。

コラム4　翻訳の基準

公的な教育機関で系統的な翻訳訓練がなされていないのも、よい翻訳の基準がないからだと私は思う。的がなければ、弓矢を射る技術の旨い下手は見分けられない。文学の翻訳と法律の翻訳では目的が違う。目的が違えば、翻訳の方法論も必要とされる技術も異なってくる。たとえ文学に対象を限定したところで、詩と小説と戯曲ではそれぞれ別の翻訳に対する見方があるだろう。だが労働と対価がおよそ比例するように、すべてとは云わずおおかたの翻訳(されたもの)は何がしかの対価と交換されるわけだから、競争原理がそこに働くはずだ。

そこで私は「商品になるかどうか」が翻訳の価値基準になるのではないかと考えている。つまり当該翻訳物の読み手の満足度はどうか。イメージしやすいところで出版翻訳であれば、読者が書店で手にした本を、買って帰ろうという気にさせられること。商品であるからには、欠陥がないことと使い勝手がよいことが必要になる。翻訳でいえば、正確であること読みやすいこととなろう。読みにくさは「文体の問題」などといって言い逃れできても、結局は本が売れず訳者に仕事がこなくなる。不正確、つまり誤訳・悪訳・誤記・訳抜けなどについては、申し開きができず訳者生命が断たれかねない。正確さと読みやすさを両立させるのは至難のわざ。そのバランスをとるのが原作との「等価性」。すなわち、原作者が日本人ならどう書くか。読み手の側からすれば、原文と同じ感動・理解を得られること。

こうした翻訳の価値基準に納得がゆけば、訳し方に迷うことはないはずだ。

そのとおり、再三申し上げるが翻訳は語学力、表現力、調査力のバランスのうえに、読者に読みやすい訳文を提供することなのである。

その日本語表現のための指針を 7 つ掲げる。

1. 一文を短くする。
2. 掛かり方をハッキリさせる。
3. 読点は多用しない。
4. リズムある文章にする。
5. 不用意に接続詞・接続助詞を用いない。
6. 語義は正確に使う。
7. 同じ言葉は続けない。

第5章　英文「正読」5つの訓練

「健全な精神は健全な肉体に宿る」Mens sana in corpore sano.(元は祈願文で「健全な精神が健全な肉体に宿れぞかし！」)というが、それをもじれば「健全な精神は健全な読解に宿る」。英文正読を脇から固めてくれる脳のエクササイズをご紹介する。

1　音読しよう

「音読してつっかえる箇所は誤訳、抑揚が乱れる箇所は悪訳」という業界の通説がある。国語教科書の音読は小学校3年で終わるが、実はそれ以降も、頭の中では音を出して読んでいるのである。頭と耳に心地よい訳文であってこそ、受け入れられるのだ。ここでは読み方が特徴的な日本語と英語の3パターンをそれぞれとりあげる。言葉はリズムが大切なこと、ジャンルによりそのリズムも変わることを体で覚えてほしい。

■日本語のリズム

日本語は「この土手に登るべからず——警視庁」のように五七五が基調であり、私たちも無意識にこのリズムで文を書くことが多い。また五七のなかに、二と三の小さい塊があるのが普通で、「この・どてに　のぼる・べか・らず　けいし・ちょう」のようになる。ちなみに演歌『津軽海峡冬景色』は、逆手をとり、六六七 / 七五の破格で不安感をそそる(「上野発の、夜行列車、降りた時から / 青森駅は、雪の中」)。

形態面では、日本語の文章には、和語調と漢語調、その中間の欧文調がある。それぞれの代表的な文章の一部を以下に示した。うまく読もうと思わずに、文章を自分の身体に溶け込ませるような気持ちで音読してほしい。

【和語調】

武蔵野にも漸く春の訪れが来た。遠くにみえる秩父の山の雪も消えて井の頭の梅はいま満開である。庭さきへ鶯が来てしきりに囀って行く。暖かい水蒸気が大地からのぼって、その中に水仙の黄色い花が鮮かに浮び上ってみえる。縁先で陽の光を浴びながら、この頃になると、私は自分の半生に経験した様々の春を想い出す。幼年の頃、少年の頃、早い青年時代、ここ数年のこと、そういう時分に記憶にとどまっている春の姿を、比較するともなしに回想するのである。

私は北海道の南端に生れた。この北国では、春の訪れは関東地方よりもまる一か月半ほど遅い。三月の末から四月にかけ雪どけ、それから若葉の山野が望まれ、五月になると急に暖かさが加わって、梅や桜が殆ど同時に咲きはじめる。津軽海峡を渡って函館へ上陸したことのある人は知っていると思うが、連絡船が港に近づくと、下北半島に相対した恵山方面の丘に、トラピスト女子修道院の白亜の塔がみえるであろう。湾内に入りかけると、津軽半島に相対した松前方面につらなる丘の上に、トラピスト男子修道院の赤煉瓦の建物がみえる。この二つの修道院をつなぐ線が、幼少年時代の私の散歩区域であった。

とくに女子修道院のある上湯の川の丘は、一面の鈴蘭畑で、六月のはじめ、あの可憐な花がひらきはじめると、よく友人とその草原へ出かけて行って、鈴蘭の畑の中に仰むけにねそべりながら、雲雀の囀りをきいたものだった。この丘からは津軽海峡の暗緑色の流れや、浜辺にくだける白い波が望見されるが、その波うちぎわから丘の間は、なだらかな草原となっていて、牛が放牧されてあった。いまなお記憶に残るのは、鈴蘭の花の香りと、空高くひびく雲雀の声である。五月から六月へかけてであって、云わばこの頃が私の故郷における最も春らしい季節なのである。故郷を離れてから十数年になるので、その頃の詳しい記憶はかなり消え去ってしまったが、この丘に漂う早春のむせるような香りだけは、春くるたびに身近に感ぜられる。(『大和古寺風物誌』亀井勝一郎)

■ブレス

和語調で書かれた文章は、一文が比較的長い。この文章もそうだが、適宜読点を付してあるので、そこで大ブレス(感知される間、息継ぎ)を入れ、ゆっくり淡々と読むのがよいだろう。感覚的な文章の訳には、和語調が似合いそうだ。

ブレスは文章の命。どこで切るかによって、印象も意味も掛かり方も変わってしまう。名文を読むことで、読点を打とうか、打たなくても分かるか、あえて流れのままに読者に読ませようかなど翻訳文の作成の訓練になる。

大ブレスが意識の流れに沿うものとすれば、小ブレス(感知されない間、息詰め)は意味の理解をあらわすものといえるだろう。

例えば「武蔵野にも漸(ようや)く春の訪れがきた」の一句(/は小ブレス)。

武蔵野にも漸く春の訪れがきた。(事実)

武蔵野にも / 漸く春の訪れがきた。(他の地方との比較)
武蔵野にも / 漸く / 春の訪れがきた。(待望の実現した悦び)
武蔵野にも漸く / 春の訪れがきた。(「春」の強調、「漸く」は背景へ)
武蔵野にも漸く春の / 訪れがきた。(「どんな?」が問われる)

【漢語調】

山路を登りながら、こう考えた。

智に働けば角が立つ。情に棹させば流される。意地を通せば窮屈だ。兎角に人の世は住みにくい。

住みにくさが高じると、安い所へ引き越したくなる。どこへ越しても住みにくいと悟った時、詩が生れて、画ができる。

人の世を作ったものは神でもなければ鬼でもない。矢張り向う三軒両隣りにちらちらする唯の人である。唯の人が作った人の世が住みにくいからとて、越す国はあるまい。あれば人でなしの国へ行くばかりだ。人でなしの国は人の世よりも猶住みにくかろう。

越す事のならぬ世が住みにくければ、住みにくい所をどれほどか、寛容て、束の間の命を、束の間でも住みよくせねばならぬ。ここに詩人という天職が出来て、ここに画家という使命が降る。あらゆる芸術の士は人の世を長閑にし、人の心を豊かにするが故に尊とい。(『草枕』　夏目漱石)

■リズム

漢語を多用し、畳みかけるような調子で、自ずとメリハリの利いた文章となっている。硬い文でありながら、どこか俳句を思わせる。対句的表現が三つ続き、読んでいて体に心地よいリズムを感じさせるからだろう。思い入れは容れず、一気に直線的に読んで、全体として一つの主張を感じさせるようにしたい。論理的、実務的な文章の訳文に似合っている。

【欧文調】

蒼き夏の夜や
麦の香に酔ひ野草を踏みて
小道を行かば
心はゆめみ我が足さわやかに
我が露なる額
吹く風に浴みすべし
我れ語らず我れ思わず
我れただ限りなき愛
魂の底に湧きいずるを覚ゆべし
宿無き人の如くいや遠く我は歩まん
恋人と行く如く心嬉しく
「自然」とともに我は歩まん(ランボー「そぞろあるき」永井荷風訳)

■抑揚

抽象的な形容「蒼き夏の夜」、透けてみえる語法「……すべし」、擬人化「自然」など、欧文脈芬々の文章である。洋食のソース仕立てにしたい文づくりの参考になる。訳詩であることを充分意識して、それこそ夢見がちに読むのがよいだろう。ただし、3行ごとのまとまりで一息つくこと。この大ブレスを変えてはならない。いつ何する /(すると)何がどうなる /(それで)自分はどう感じる /(その結果)自分は何をしようか決める、という流れが礎(いしずえ)。それに沿って、感情を言葉に乗せていく。抑揚は感覚を運ぶ重要な要素だが、詩と言えども論理がある。**論理と抑揚は一体**なのだ。例えば、「**蒼き夏の夜や**」と高い声から入るのはダメ。主題の提示を謳い上げたら、次の「麦の香に酔い野草を踏みて　小道を行かば」が浮いてしまう。抑揚が意味と折り合う範囲で工夫し、自由に読んでいただきたい。

■英語のリズム

フランス文学の先達、太宰施門(だざいせもん)は語学教育についての論文で、こう書いている。「先ず口の練習を正確に、発音に注意し、殊に意味に副い感情に順うた朗誦法に馴れねばならぬことを主唱した。文字を眼で見、その内容、大體の見當を朧ろに取るだけでは断然不十分である。全體として視覺は事柄を餘りに簡素化してしまう」。欧文を読み解くにも、朗読が必要だというのである。

英語は強弱強弱が基調。例えば、What is it? 弱強弱 ⇒ What IS it? What's it like?　強弱強 → WHAT'S it LIKE? のように。翻訳していると、副詞の only が掛かる語から離れていることが多いのに気づくだろう。副詞はどこへでも置けるので、この強弱強弱のリズムを作りやすい所に置かれるのだ。

私見だが、英語には演説や評論の硬質、詩や話し言葉の軟質、小説や古典戯曲の凝質の3つの調子があると思う。それぞれの代表例を以下に掲げる。一部ではあるが、英語の意味内容を正しく採るために英語のリズムを掴むには充分なはずだ。

【硬質】

A country is as strong really as its citizens and I think that mental and physical health, mental and physical vigor, go hand in hand.

I do hope that we will not find a day in the United States when all of us are spectators except for a few who are out on the field. I hope all Americans will be on the field, that they will concern themselves with the education of their children, with physical development of their children, with the participation in the vigorous life, and then also, as their children get older, inculcate into them a desire to maintain that vigor through their normal life. (『大統領就任演説』J・F・ケネディ)

(柴田訳)

一国の強靭さはその国民と軌を一にしています。健全な精神と肉体は、活力ある精神と肉体と表裏一体であります。

この合衆国において、競技者以外国民がみな観戦者となってしまう日の来たりませんことを切に望みます。合衆国国民こぞって競技する側に廻らんこと、子弟の教育に自らかかわり、子弟の身体を鍛え、また活力ある生活を送ることが国民の関心事となること、そしてさらに子弟が長ずるに及びこうした活力を維持する上での日々一日を大切にするよう育て上げること、それこそがわたくしの願うところであります。

■音読から朗読へ

通訳者の國弘正雄が「只管朗読」を唱えたが、それと同じ気持ちで日々音読することをお勧めする。その國弘正雄に教えを受けた知人がいるが、「國弘先生の英語は候文」だという。只管朗読の素材にこのような文章を使っていて、当人の文体も裃(かみしも)を付けたようなものになったと言うのだろう。「候文」結構。何事も基本を外して学ばれうることはない。正調から徐々に崩していくのも語学習得のセオリ。語り掛けるような調子で読んでほしい。

【軟質】

I wander'd lonely as a cloud
That floats on high o'er vales and hills,
When all at once I saw a crowd,
A host of golden daffodils,

Beside the lake, beneath the trees
Fluttering and dancing in the breeze.

Continuous as the stars that shine
And twinkle on the milky way,
They stretch'd in never-ending line
Along the margin of a bay:
Ten thousand saw I at a glance
Tossing their heads in sprightly dance.

The waves beside them danced, but they
Out-did the sparkling waves in glee: —
A Poet could not but be gay
In such a jocund company!
I gazed—and gazed—but little thought
What wealth the show to me had brought.

For oft, when on my couch I lie
In vacant or in pensive mood,
They flash upon that inward eye
Which is the bliss of solitude;
And then my heart with pleasure fills
And dances with the daffodils. (「ラッパ水仙」W・ワーズワス)

(柴田訳)
私はさびしく彷徨った。
谷と丘のはるか高くに浮かぶ雲のように。
突然ひろがる
金色の一群、
湖のほとり、木立の下、
やわらかい風にゆらめく水仙の花。

天の川に輝き煌く
星々のように切れ目なく
湖畔に沿って
どこまでも続く黄金。
目に入る幾千もの花が
頭をもたげ軽やかに舞っていた。

水仙のそばで波も躍っていた、だが、
水仙の喜びの舞はきらめく波に優っていた。
こんな陽気な仲間といては
詩人なら楽しくならないはずがない！
私は眺めた——さらに眺めた——だが、ほとんど考えもしなかった。
この光景がいかなる幸福を私にもたらしたかを。

それが、虚ろな、あるいは悲しい気分で
時々、寝椅子に横たわっているとき、
独りでいる至福そのものたる心の眼に
あの水仙がぱっと浮かぶのだ。
すると私の心は喜びでいっぱいになり、
そして水仙と一緒に躍りだす。

■語呂合わせ

ワーズワスのこの詩は各連が、ab ab cc の交錯韻＋対韻でできている。日本語の訳詩でこれをやるのは至難のわざ。戦後の一時期、加藤周一、中村真一郎らが「マチネ・ポエティク」運動を起こし、ソネット(4, 4, 3, 3 行から成る14行詩)を日本語でも韻も含めて実現しようとしたが、空しい試みに終わった。アイウエオの5つの語尾は、アルファベットの27の語尾より合わせられやすいが、母音のため詩の文末緊張感が乏しく、どうしても語呂合わせっぽくなってしまうからだ。

無名の頃の井上ひさしが越路吹雪らしき大シャンソン歌手に、欧米の歌詞のような韻を踏んだ訳詞を頼まれた。ひさしが日本語こそ韻をふんだんに踏める言語と張り切って訳詞を提出したところ、何よこれ駄洒落じゃないの、と却下されたそうだ。

ここで井上ひさしの戯曲『珍訳聖書』の駄ジャレ場面を思い出した。キリスト教の神父が夜泣き蕎麦の屋台に入ったところを、逆恨みの凶悪犯がナイフで刺す。できた蕎麦を渡そうとした屋台の親爺がうつ伏す神父を見て言う「はい、ラーメン」(もちろん、アーメンのもじり。悪乗りして雨を降らせ「あ、アーメ」と続けるのもよいか)。

韻を日本語に移すのは無理でも、原語での韻の感覚を覚えておくと、別の形で訳文に生かせるのではないか。

【技巧的】

In a little district west of Washington Square the streets have run crazy and broken themselves into small strips called "places." These "places" make strange angles and curves. One street crosses itself a time or two. An artist once discovered a valuable possibility in this street. Suppose a collector with a bill for paints, paper and canvas should, in traversing this route, suddenly meet himself coming back, without a cent having been paid on account!

So, to quaint old Greenwich Village the art people soon came prowling, hunting for north windows and eighteenth-century gables and Dutch attics and low rents. Then they imported some pewter mugs and a chafing dish or two from Sixth Avenue, and became a "colony."

At the top of a squatty, three-story brick Sue and Johnsy had their studio. "Johnsy" was familiar for Joanna. One was from Maine; the other from California. They had met at the *table d'hote* of an Eighth Street "Delmonico's," and found their tastes in art, chicory salad and bishop sleeves so congenial that the joint studio resulted. (『最後の一葉』O・ヘンリー)

ワシントン広場の西のせまい区域では、いくつもの通りが乱雑にのびており、プレースとよばれる細長い土地にこまかくくぎられている。これらのプレースは、奇妙な角をつくったり、曲線をこしらえたりしている。一本の道が、一度や二度は、その道自体と交差したりする。かつてある絵かきが、この通りに一つの貴重な可能性を発見したことがある。絵の具や紙やカンバスの集金にきた男がこの道にふみこんで、ひょいと気がつくとつけの代金の一銭ももらわないうちに、帰ってくる自分自身とばったり出くわしたとしたら、どんなものだろう！

そういうわけで、まもなくこの風変わりな古めかしいグリーニッチ・ヴィレッジに芸術家連中がやってきて、北向きの窓と十八世紀ふうの破風とオランダふうの屋根裏べやと安い間代とをさがしもとめて、うろつきはじめた。彼らは、六番街から白鑞製のコップやコンロつきの卓上なべを二つ三つ仕入れてきた。こうして、ここに＜芸術家村（コロニー）＞ができあがったのである。

ずんぐりした三階建てのれんが造りの家のてっぺんに、スーとジョンジーは画室（アトリエ）をもった。ジョンジーというのは、ジョアンナの愛称である。スーはメイン州、ジョンジーはカリフォルニア州の出身だ。ふたりは、八丁目の食堂＜デルモナコ＞で定食を食べているときに知りあい、芸術のうえでも、またチコリのサラダやビショップ・スリーブの服についても趣味が一致しているとわかった。それでここに共同のアトリエが生まれたのである。(大久保康雄訳)

■引き込む

O. ヘンリーの文章はいつもながら感心させられる。簡潔で、リズミカルで、英語自体に気取りがない。そのくせ、私のような英語の拙い読み手をぐいぐい引き込んでいくのだから。初めて読んだのは、中学の教科書に出ていた大久保康雄の訳だが、今でもところどころうろ覚えながら口づさむ。

「ずんぐりした三階建のレンガ造りのてっぺんに、スーとジョンジーは画室を持っていた（At the top of a squatty, three-story brick Sue and Johnsy had their studio.)」

原文のリズムも心地よいが、大久保の訳文はそれだけで別乾坤を建立している。英文を何度も暗誦するほど朗読したあとで、大久保の訳文も朗読してほしい。翻訳は便宜的なものなどではなく、それ自体が独立した文学作品になりうるのだと感じていただけるだろう。「凝質」とは私の造語だが、「締まっていながら、含みを感じさせる文」のことである。

2　反訳

名作の信頼できる英語版を日本語に訳し直してみることで、翻訳は完全にイコールにはなりえないこと、正確に読み解いたうえで思い切りが必要なことを知る。自分でもやってみてほしい。ここではペンギン版のメレディス・マッキニー(Meredith McKinney)訳『草枕』の柴田による反訳を掲げ、併せて漱石研究家で清泉女子大教授であったアラン・ターニー(Alan Turney)の訳を比較のため付す。

As I climb the mountain path, I ponder—

If you work by reason, you grow rough-edged; if you choose to dip your oar into sentiment's stream, it will swoop you away. Demanding your own way only serves to constrain you. However you look at it, the human world is not an easy place to live.

And when its difficulties intensify, you find yourself longing to leave that world and dwell in some easier one—and then, when you understand at last that difficulties will dog you wherever you may live, this is when poetry and art are born.

The creators of our human world are neither gods nor demons but simply people, those ordinary folk who happen to live right there next door. You may feel the human realm is a difficult place, but there is surely no better world to live in. You will find another only by going to the nonhuman; and the nonhuman realm would surely be a far more difficult place to inhabit than the human.

So if this best of worlds proves a hard one for you, you must simply

do your best to settle in and relax as you can, and make this short life of ours, if only briefly, an easier place in which to make your home. Herein lies the poet's true calling, the artist's vocation. We owe humble gratitude to all practitioners of the arts, for they mellow the harshness of our human world and enrich the human heart.
(『草枕』メレディス・マッキニー訳)

【柴田による反訳】

山の細道を辿りながら、こう考えた――

理性を頼りに物事を推し進めると、とげとげしくなる。櫂を感情の流れに突っ込もうとすれば、押し流される。自分なりの道を貫こうとすれば、それに縛られる。どう見ても、この人間世界は住みにくい。

住みにくさが高まると、この世間を脱しどこか別の気楽な世に移り住みたくなる。だが、どこに越そうと面倒くささが付き纏うと分かったとき、まさに詩と芸術が生まれる。

この人の世を作ったのは神でも鬼でもなく、偶々近くに互いに住みなすふつうの人間である。人の国が厄介な場所だと感じたとて、他に住むべきよき世界がある訳でもない。人間以外の処へ行くことでしか別の世界は見つかるまい。そうして人間以外の国はまずこの人間界以上に住むに難き場所だろう。

それで、この選びようのない世界が自分にとって住みにくいというなら、まずもってできるだけ寛げるよう最大限努力し、この短き人生を、瞬時であれ、住みやすいものにせねばならない。ここに詩人が持つ真の天職があり、画家の真骨頂がある。芸術の人士にはささやかな感謝の念を捧げるのが常だが、それはこの人間世界の厳しさを和らげ、人間の心を豊かにしてくれるからだ。

【アラン・ターニー訳】

> Going up a mountain track, I fell to thinking.
>
> Approach everything rationally, and you become harsh. Pole along in the stream of emotions, and you will be swept away by the current. Give free rein to your desires, and you become uncomfortably confined. It is not a very agreeable place to live, this world of ours.
>
> When the unpleasantness increases, you want to draw yourself up to some place where life is easier. It is just at the point when you first realise that life will be no more agreeable no matter what heights you may attain, that a poem may be given birth, or a picture created.

マッキニーの訳は、いわゆる「原文に忠実」。反訳もしやすく、漱石の原文とも誤差が出にくい。一方、名ピアニストであるグレン・グールド(Glenn Herbert Gould)が聖書と共に棺桶に入れさせたというA・ターニー訳には弾むような短いセンテンスが並んでいて、どことなく俳句likeで好感が持てるが、反訳しにくい。直訳と意訳の違いなのだろうか。

それぞれを比べてみよう。

「住みにくさが高じると、安い所へ引き越したくなる」をマッキニーはAnd when its difficulties intensify, you find yourself longing to leave that world and dwell in some easier one(住みにくさが高まると、この世間を脱しどこか別の気楽な世に移り住みたくなる)と訳し、ターニーはWhen the unpleasantness increases, you want to draw yourself up to some place where life is easier(気塞ぎがつのってくると、もっとましな暮らしがありそうな所にわが身を引き上げたくなる)と訳している。

また、「どこへ越しても住みにくいと悟った時、詩が生れて、画が出来る」をマッキニーはand then, when you understand at least that difficulties will dog you wherever you may live, this is when poetry and art are born.(だが、どこに越そうと面倒くささが付き纏うと分かったとき、まさに詩と芸術が生まれる)、ターニーはIt is just at the point when you first realise that life will be no more agreeable no matter what heights you may attain, that a poem may be given birth, or a picture created.(どんな高みに至ろうと埒があかないと悟ったときはじめて、詩が生まれて絵が創られる)と訳している。

英訳を見て気づいたのだが、原文では2つにとれるところがある。「智に働けば角が立つ」はよいとして、「情に棹させば流される」はどうなるのか。棹さしたら、そこで止まるのではないか。あるいは逆に勢いづくのではないか。

『広辞苑』(岩波書店)に「棹さす」はこうある。

> 棹を水底につきさして、舟を進める。転じて、時流に乗る。また、時流にさからう意に誤用することがある。万葉集(20)「夕潮に棹さしくだり」。夏目漱石、草枕「情に棹させば流される」。「時勢に棹さす」

『明鏡国語辞典』(大修館書店)にはこうある。

> ①　さおをあやつって舟を進める。「急流に棹さして渓谷を下る」
> ②　うまく立ち回って機に乗じる。「時流[時勢]に棹さす」
> ＊「時流に棹さしてひどい目にあった」など、誤って逆らう意に使われることもある。

漱石の文だから間違いのあるはずがあるまいと思い込んで、頭を悩ませたが、これは誤用に近く、両訳ともそちらの意味を採っているようだ。我々ネイティブである日本人は、普段こんなことまで気にして読んではいない。**翻訳となるときちんと解釈せねば筆を進められない**のがよく分かるだろう。江戸時代の大儒である荻生徂徠(おぎゅうそらい)が「中国文というものは、日本人が本気で読めば中国人以上によく読めるのである」といっているのはこのことか。

そういえば、誤用ではないが陶淵明の詩を漱石がこの『草枕』で引いているくだりがある。

> 採菊東籬下、悠然見南山。只それぎりの裏に暑苦しい世の中をまるで忘れた光景が出てくる。垣の向うに隣りの娘が覗いてる訳でもなければ、南山に親友が奉職している次第でもない。

不祥事で総理大臣を辞任した宇野宗佑が気持ちを問われとき、「悠然として南山を見る、心境」と答えたのを覚えている。文人首相と言われた人らしい言葉だ、南山は官界の隠喩でそれに未練はないと言っているのだと思っていた。宇野も『草枕』の一節を踏んで、そう述べたのだろう。だが、いま改めて調べるとどこにも、南山が官庁・官職を象徴するという記述はない。漱石の意図したところではなかろうが、後代の我々が、勝手に『草枕』の一節から、南山と霞が関を結びつけてしまっていたのである。

漱石といえば翻訳の名手で、Pity is akin to love. を「可哀相だた惚れたってことよ」(『三四郎』)で知られるが、思わず唸った訳がある。

忽(たちま)ちシェリーの(Percy Bysshe Shelley)の雲雀の詩を思い出して、口のうちで覚えた所だけ暗誦して見たが、覚えている所は二三句しかなかった。その二三句のなかにこんなのがある。

We look before and after
　And pine for what is not:
Our sincerest laughter
　With some pain is fraught;
Our sweetest songs are those that tell of saddest thought.

前を見ては、後を見ては、物欲しと、あこがるるかなわれ。
腹からの、笑といえど、苦しみの、そこにあるべし。
うつくしき、極みの歌に、悲しさの、極みの想、
籠るとぞ知れ。

『草枕』で画工が那古井の温泉場に辿る道すがら、とりとめもない考えにひたる場面で口ずさむ詩。少年の頃この一節を読み、故知らず心惹かれた。

「在りもしないものに思い焦がれる」を「物欲しと、あこがるるかなわれ」、次の対句になっている後ろの部分「われらが最も甘美な歌は一番の悲しみに関して語る歌である」を「うつくしき、極みの歌に、悲しさの、極みの想、籠るとぞ知れ」。こんな訳は長年翻訳で生計を立てているが、逆立ちしても

出てこない。

3　辞書をこまめに引く

英語上級者専門に英文読解を教えている。英語資格三冠王はざら、外資系の役員、国際機関の管理職、大学の語学教師、プロの翻訳・通訳、国際ジャーナリストなど、新旧受講生でビジネス英語の一流講師陣が組めそうだ。総合的な英語の力は、私なぞそういった方々にとても及ばない。だがこうして、偉そうに指南本を書き、英語の猛者を指導している。どこが違うのか、ささやかだが重要な秘密を明かせば、単純なこと「**誰よりも辞書を引き、誰よりも引き方を心得ている**」ことである。

作家の伊藤整の自伝的小説『若き詩人たちの肖像』に、新任の英語教師として旧制中学へ就職が決まったとき、旧制小樽高等商業専門学校の恩師から、「伊藤君、授業に当たっては、どんな易しそうな単語でも、必ず辞書を引きなさい」と諭される場面がある。そう、本当の英語力とは辞書を引く力なのである。ここでは文明の利器、電子辞書(私が使っているのは、セイコー電子辞書製の G10)が英文を正しく読み解く力強い味方になることを、具体例で示していく。

■語源を押さえる

受験生の頃、『ゴロで覚える英単語』というのを買った。「bit：ちょびっと」「ready：レディはいつも結婚の準備」などとあって、楽して覚えられそうだと思ったのだ。

だがこれだと bit の「破片」「小銭」(名詞)という意味までは覚えられない。英単語の意味を覚えるのは誰にとっても辛いもの。丸暗記でトイレの中まで英単語を張っているがダメとこぼす学生もいた。絵解きとかチャンク応用の単語帳は、説明がうまく当てはまる単語にはよいが、そうでないと、無理やり理屈づける傾向がある。英単語 40000 語を覚えているという社会人に会ったこともある。すごいと思ったが、一単語一義しか覚えていないので、英文理解が粗雑なのが分かった。

では、どうすればいいのか。語源から入るのである。さきほどの bit であれば、bite と同じ語源「噛む」→「かみ切られた」→「少量」→「ちょびっと」

と一度に幾つもの意味を覚えられる。英語は多義である。元となる意味を知れば、分かれる意味を覚えるのも、訳語を選定するのも楽になる。

> Unlike the spider, which stops at web weaving, the human child—and, I maintain, only the human child—has the potential to take its own representations as objects of cognitive attention.

maintainを辞書を引くと、①保つ、②養う、③主張する、④支持する、⑤保存する、⑥守る、などといくつも意味が出てくる。そこで、内蔵された辞書の先頭にある語源の欄を見る。すると、「初14c; ラテン語 manu tenēre(手の中に所有する)　main-(手)+tain(所有する、保つ)」と出てきた。「手に持つ」から、主たる意味の①保つ、これから派生して②から⑥が生まれたと考えれば、納得がいく。

例文のmaintainは、主文で述べる事実に加え「(手から比喩的に)自己の頭の中に保っている考え」を、挿入・強調している。それで③「主張する」の語義を選択することとなる。

あとは翻訳としての訳語選択の問題。「主張する」は直訳的でおかしいので、訳語を工夫しようと頭が働くのである。

「巣を張って終わってしまう蜘蛛とは異なり、人間の子供は(そして人間の子供だけがと私は**言いたいが**)自己が表現したものを認識の対象として客観化する潜在能力を持っている」

■文型

先ほどと同じように、下線部の単語の意味を考えてみよう。

> I will not presume to say how far this irresistible power of assimilation extends.

presumeには①(確信をもって)推定する、②あえて……する、の二義があり、どちらでも訳はおかしくなさそうだ。すると、A「この抗しがたい同化の力がどこまで及ぶものか推定して言うつもりはない」と、B「この抗しがたい同化の力がどこまで及ぶものか言おうとは思わない」という2つの訳が作れる。では、AとBのどちらが正しいのか。

辞書の訳語欄を丁寧に見ていくと、Aの意味になるにはS presume O/that . . . の形が必要なのが分かる。ここはpresume to doなので訳Bをとる。これを支持するpresume to speak for another(あえて他人の代弁をする)という適切な文例も出ている。

■状態動詞と動作動詞

さらに、動詞について考えていく。

> He considered his wife's likes and dislikes somewhat silly.

訳は「彼は妻の好き嫌いをいくらか馬鹿げていると思っていた」で正しいが、considerを「思った」としてはダメかという疑問が湧くだろう。『ジーニアス英和辞典』(大修館書店)の各訳語欄の先頭にはD(dynamic, 動作動詞)、S(static, 状態動詞)の区別がある。さらに見ていくと、considerはSVOでD、SVOCでSであるのが分かる。ここはSVOCなのでS「思っていた」ととる。なお、Dととるconsider a plan before carrying it out(実行前によく考える)というSVOの例文も出ている。

■自動詞と他動詞

動詞の区分として重要な要素として、自動詞と他動詞がある。

> I climb up the Matterhorn.

I climb the Matterhorn. とはどう違うのかという疑問がわくので、丹念に辞書を引くと、自動詞の1の文例に「climb up the Matterhorn マッターホルンに登る《必ずしも頂上まで登ることを意味しない; 他動詞用法 climb the Matterhornでは「頂上まで登る」を意味する》」とある。

辞書には書いてないが、日本語に訳すと同じ表現になる自動詞用法と他動詞用法の違いは、大まかに他動詞は直接的、自動詞は間接的、と覚えておくとよい。call him (=呼ばれるのが分る)と call to him (=聞こえたかは不明)、I helped an old man to cross the street. (＝脇で注意などして危険なく渡れるようにした)と I helped an old man cross the street. (＝実際に荷物を持つなどして渡るのを手伝った)を比較すると分かるだろう。

■例文検索

条件を掛け合わせ、適切な例文を見つけだすことこそ、英文精読の奥義だ。これがやりおおせるようになると、他の英語自慢を大きく引き離せる。

次の例文は短編小説の名手と言われるロアルド・ダールの『アンブレラマン』(*The Umbrella Man*)の最後のところ。

> I shouldn't be surprised if he isn't a titled person, Sir Harry Goldsworthy or something like that.

母子が雨に濡れる中、品の良い老人にたった1ポンドで絹の傘を譲ってもらったあと、母が娘に言う言葉。普通に訳すと「あの人がゴールズワージ卿とか何とかでなくたって驚かないわ」と、文意がおかしく感じられるが。

そこで **shouldn't & if not** と『ジーニアス』で例文検索する。

> I wouldn't [shouldn't]be surprised if she didn't get married soon.
> 彼女がまもなく結婚しても驚かないよ、彼女はきっとまもなく結婚するよ。

これはフランス語の影響で、いわゆる虚字の not (語調の関係で入っただけで、否定の意味はない)とでも言うべきもの。例文の正しい訳は「あの人がハリー・ゴールズワージー卿か何かだとしたってちっとも驚かないわ」。

> 'So that's his little game!' my mother said.

傘を盗んで、それを1ポンドと交換し、酒代に充てるのを常習としている老人に呆れて、現場を見ていた母親のほうが言う台詞。little game とは何だろう。

game は① (ルールのある)遊び、② (チームでする)競技、③計略、④ (u)獲物、⑤ (やばい)職業、と多義。誰もが選択に迷うはず。そこで電子辞書

のジーニアスで **little & game** と例文検索する。すると、次のような例文が出てきて、③を支援する。

> None of your little games!　その手には乗らないぞ。
> I was a wake-up to his little game.　私は彼のたくらみに気付いていた。
> So that's your little game!　そうかそれがきみの魂胆なのか。
> his little game　彼の子供じみた策略

Meanwhile time runs by and is gone, and I am none the worse. (p. 72参照)などはどうか。

none the worse を『新編 英和活用大辞典』(研究社)で引くと6つの文例、『ジーニアス英和大辞典』で引くと3つの文例が出てくる。none the worse for がイディオム的になっている。

> The TV was none the worse for having been bounced around in the trunk of my car for two days.　そのテレビは2日間私の車のトランクでガタガタと揺られ続けたのに少しもおかしくなっていなかった。
> I am none the worse for a single failure.
> 一回ぐらいの失敗ではへこたれません。

■日本語シソーラス

次の英文は12歳の女の子の作文で、やはり『アンブレラマン』から。昨日、品の良い老人に出会ったが、実は酒代稼ぎの傘泥棒だったという話の冒頭。

> I'm going to tell you about a funny thing that happened to my mother and me yesterday evening.

funny の主な意味は①奇妙(理解しにくい)、②こっけい(笑いをさそう)、③怪しい(疑念を抱かせる)だが何か訳しにくい。

この文の funny には全部の意味が含まれていそう。辞書の3つの語義のうち、どれか1つを充ててお茶を濁すのは避けたい気がするが。

こうした場合は日本語シソーラスに頼るのがよい。「奇妙」を引くと、「不思議」を参照せよとある。100近くある類義語から、「疑わしい」を選ぶと、そこにまた100ばかりの類義語が出てくる。その中からまた選ぶ「嘘のような」「おかしい」「一寸気になる」「訝しい」。これらを合わせて原文とズレのない言葉を、今度は自分で考える。だがそれだけでは強いし、リズムが出ない。子供の言葉でもある。そこで副詞を付け足し、全体a funny thingは「ちょっとヘンな出来事」ぐらいでどうか、と思い巡らす。これが翻訳の楽しみの1つである。

■英英辞書

下線のimpressiveに気をつけて訳してみよう。

> Among the guests was an impressive array of authors and critics.

直訳すると「客の中には印象的なずらりと並んだ作家と批評家がいた」だが、impressiveはこれで良いのだろうか。

impressiveを*OED*(*Oxford English Dictionary*)で引くとevoking admiration through size, quality, or skill; grand, imposing, or awesomeと出てきた。日本語の「印象的」は良いことにも悪いことにも使うので、曖昧だったり、緩めだったりする。英語に沿った「堂々として、威圧する、人の賞賛を招く」という意味合いの日本語を1語で考える。結果「客の中には綺羅星のように並ぶ作家や評論家がいた」。

次の英文も同様に訳してみよう。

> It is salutary to realize the fundamental isolation of the individual mind.

「個人個人の根源的な孤立を悟るのは有益である」で良さそうだが、ちょっと分かりにくい。salutaryを引くと「[初出]15c; ラテン語salut- , salus(健康)。-ary(……の)。形 [通例限定] 有益な (favorable); 健康回復によい(curative)」とある。そこで*OED*を引く。

> salutary: adjective
> (especially with reference to something unwelcome or unpleasant) producing good effects; beneficial
> ex: It failed to draw *salutary* lessons from Britain's loss of its colonies. (英国の植民地喪失から有益な教訓を引き出せなかった)

「良薬は口に苦し」「ためになる」という語感なのが分かる。『コウビルド』にも A salutary experience is good for you, even though it may seem difficult or unpleasant at first. とある。

■百科事典

> Then we flew up the Great Thermopylae Pass and I saw long lines of vehicles moving slowly southwards towards the sea.

「それから北に向って雄大なテルモピレー峠へ飛んだが、海に向かってゆっくりと南進する長い車両の列が眼下に見えた」が引用元についていた訳だが、なんで「雄大なのか」分からない。それに、語頭の G で固有名詞化しているはず。英和辞書と百科事典を引く。

『ジーニアス英和大辞典』

> **<テルモピレー>**テリモピュライ《古代ギリシアのロクリス(Locris)とテッサリア(Thessaly)を結ぶ山と海に挟まれた狭い峠; Leonidas 率いるスパルタ軍が、ペルシア軍の進行を阻止したことで有名な戦場(480 B.C.)》

『ブリタニカ日本語版』

> **<テルモピュライとうげ[テルモピュライ峠]>**現代ギリシア語読みではセルモピレ Thermopilai、ラテン語ではテルモピュラエ Thermopylae。ギリシアの古戦場として知られる地域。アテネの北西約 140 km、エー

ゲ海のマリアコス湾の南岸に位置する。かつては背後のカリドロモン山地の急崖が海岸に迫り、沿岸に長さ約7 kmにわたる隘路を形成しており、ここで前480年スパルタ王レオニダス指揮下のギリシア軍が優勢なペルシア軍に対抗して戦った。その後シルトの堆積により海岸線が後退し、現在は幅広い平地となっている。

the Greatは「かの(有名な)」の意味だと確認できた。

■国語辞典

『草枕』の中ごろは芸術論になっており、やたらに難しい言葉が出てくる。例えば「いたづらにこの境遇を拈出するのは、敢て市井の銅臭児を鬼嚇して、好んで高く標置するが為めではない」。広辞苑に「**銅臭**　財貨をむさぼり、財貨を誇り、財貨によって立身出世する者を卑しんでいう語」とある。**鬼嚇**は『広辞苑』にも『明鏡国語辞典』(大修館書店)にもなく、**嚇**で新漢語林を引くと「おどす」とあり、鬼嚇は「鬼の姿で人をおどすことだな」と見当がつく。

恥ずかしい話だが、つい先日近所の居酒屋で、カウンターの壁に「出汁卵」とあったので、珍しいと思い「でじるたまご」下さいと親方に声をかけたら、「だしたまご」ですねと訂正されてしまった。我ながら情けないが、何で「出汁」で「だし」と読むのか、電子辞書を叩いた。

『広辞苑』
出し　(v)「出し汁」の略。「昆布で出汁をとる」

『明鏡国語辞典』
出し・<出汁>(i)「出し汁」の略。⇒出し汁「昆布で出しをとる」

ついでに、自分が読んだように「でじる」ではダメなのかと、「でじる」と引いたが、やっぱりなかった……。

■たいていの疑問は辞書で解決する

技術者として世界を飛び回り、英検1級、TOEIC960点、通訳案内業免許と所謂「資格三冠王」の方が私の受講生にいる。その人が、どうして下の試訳のようになるのか分からないと聞いてきた。その試訳とは、誤訳指摘の先駆的な仕事をした、別宮貞徳の著書からのものだ。皆さんならどんなプロセスを踏んで、どう回答するだろうか。

> **【別宮が指摘する誤訳】**
> フランス人が蛙の足を食するようになったのは、蛙を食べないアングロサクソン人が、お世辞のつもりで、「蛙」というあだなで呼ぶようになってからのことである。
>
> **【別宮による試訳】**
> フランス人は蛙の足が好きなので、蛙を食べない英国系アメリカ人から「蛙」という、およそありがたくないあだ名を奉られることになった。

では、私がどう答えたかを記そう。まず、構文分析から。

. . . the French taste for frogs' legs (S) has won (V) for that nation (O_1) the less than flattering sobriquet of "frog" among non-frog-eating Anglo-American (O_2).

次に『ジーニアス英和大辞典』でwinを引くと、次の記述がある。

> 3b**S**[SVO_1O_2/　SVO_2 for O_1]＜物・事が＞ O_1(＝人)に O_2(＝名声・賞賛などを得させる)
> 例：His courage won him fame [fame for him]　剛胆であったので彼は有名になった。

つまり、このwon＞winは「O_1にO_2を得させる」の形で、O_2が長いため、O_1の後ろに回ったのだ。

the less thanが分かりにくいので、『ジーニアス英和大辞典』を引く。

lessの「成句」に次のような記述がある。

> ⇒ less than . . . (2) [通例形容詞を修飾して]決して[ちっとも]……でない(not at all)
> 文例：I was less than satisfied with the results.
> 　　　結果にちっとも満足しなかった。

念のため引いた『リーダーズ英和辞典』の文例では、She is less than pleased.「彼女はちっとも喜んでいない」が出ていた。

他の部分も確認しておく。that nationは「フランス人」のこと。theはofを同格(……という)の意味に制限している。flatteringは、嬉しがらせる ⇒ お世辞での、の意。sobriquetは「あだ名」。辞書を丁寧に引けば大抵の疑問は解決するのが分かるだろう。

■分解して考える

少年・少女期の読書と壮年期の読書の違いを述べた英国の医学者・批評家、ハヴロック・エリス(Havelock Ellis)の文章の最後の部分。「昔読んだ本を壮年期に再読すると、昔の感銘が蘇って先に読み進めなくなる」という下り。

> So now, when I open a book, it often enough happens that I lay it down, satisfied, on the page at which I opened.
> それで今は、本を開けるとそのページのところでもう満足しきって、わたしはそのまま本を置いてしまうのだ。

滞米30年、外資系の役員を務める受講生から、「**I lay it down, satisfied, on the page at which I opened. は『本を裏返して置く』ととれませんか**」と質問があった。皆さんなら、どう答えるだろうか。

私の回答は「とれない」だ。関係詞に先行詞を代入して、分解してみると構造がはっきりする。

(i)　I lay down the book(, satisfied,) on the page.(その頁で本を置く)
(ii)　I opened at the page.(その頁を開く)

ここから「開いた頁のところで(そのまま、読まずに)満足して本を置いてしまう」という意味が導き出せる。

『ジーニアス英和大辞典』を引いて、(1)と(2)をさらに構文分析して裏づけをとろう。

(i)はSVOMの構文で、M＝on the pageのonは[接触]で「……のところで」。例文として、inscribe one's name in a book on the first page(本の第一頁に名前を書く)、stop on chapter 2(第2章でいったん中止する)が挙がっている。

(ii)はSVMの構文。M＝at the pageのatは[場所]⇒[地点・時点](……のところで)。例としてOpen your books at page ten.(10頁を開けなさい)、Open to [or at] page 32(32頁を開きなさい)が挙がっている。

■あえて和英辞典を引く

ところで、上記の質問にある「ひっくり返す」はどういうことだろうか。和英辞典で「裏返す」「ひっくり返す」を引くと、次のような例が出ている。

- ・「裏返す」reverse、turn a photograph over、turn a T-shirt inside out、He turned the book over to see the price.
- ・「ひっくり返す」turn a page upside down (上下)、turn A inside out; turn up

このように日本語の表現に困ったとき、和英辞典を引くと理解が深まることがある。

4　エラー・アナリシス

人のふり見てわがふり直せ、といわれる。まさに、既存訳の間違いを見つけ、正しい訳に直す作業は面白くてためになるもの。適切な教材が見つけにくいので、教育現場では適用されていないのだろう。いや、誤訳・悪訳と見抜く力のある語学教員があまりいないのかもしれない。

英国の小説家、ロアルド・ダールの短編シリーズは、一話当たりの長さが短かめで、誤訳・悪訳に溢れていて、教材には好都合。おまけに、最近「新訳版」と称して改訳が出ているから、新旧訳でどう直ったか、きちんと直っているか見比べるのも楽しい。他人の誤訳は2ランク下の実力の者でも見つけられるはずなのである。だから、学生や、意欲のある英語中級者の学力向上にも向いているだろう。ここでは、その新旧訳を並べ、直しとその適切さを吟味してみよう。

■翻訳は難しい

次の英文は、ロアルド・ダール短編シリーズ『あなたに似た人』(*Someone Like You*)所収の「クロードの犬」(*Claud's Dog*)から。俊足と鈍足、2頭の瓜二つの犬をドッグレース前にすり替えて、掛け金を倍増させようとするというお話。

Then he came into the kitchen to get breakfast, and I watched him put the pot of soup on the stove and begin stirring it. He had a long metal spoon and he kept on stirring and stirring all the time it was coming to the boil, and ①about every half minute he leaned forward and stuck his nose into that ②sickly-sweet steam of cooking horse-flesh. Then he started putting ③extras into it—three peeled onions, a few young carrots, a cupful of ④stinging-nettle tops, a teaspoon of ⑤Valentines Meat Juice, twelve drops of cod-liver oil—and everything he touched was handled very gently with the ends of his big fat fingers as though it might have been a little fragment of Venetian glass.

【旧訳】

それから、彼は朝食をこしらえに、台所に入ってきた。私は、クロウドが、スープのポットをストーブにのせ、それをかきまわしだすのを、ながめていた。彼は長い金属製のスプーンをもっていた。スープが煮えたつまでというもの、あくことなく、彼はかきまわしていた。そして、①三十秒もたつと、まえにかがみこんで、火にかけてある馬肉の、あの②とろっとしたかんばしい湯気に鼻をくっつけて、その匂いをかいでみるのだ。それから、③あまりもの——皮をむいた玉ねぎ三つ、黄色い人参を若干、④いらくさの頭、⑤ヴァレンタインの肉ジュースを茶さじに一杯、それに鱈の肝油十二滴——そんなものを、まるでヴェニス製の高価なガラス製品のこまかい断片のように、太い指先で、ごく丁寧につまんでは、ポットのなかにいれていった。

【新訳】
そのあとしばらくして、犬の朝食をつくりにキッチンにはいってきた。見ていると鍋をコンロにかけ、スープを掻き混ぜはじめた。長い金属製のスプーンでスープが沸するまでひたすら混ぜると、①三十秒おきに身を乗り出して、馬肉を調理するときに立昇るあの②甘ったるい湯気の中に鼻を突っ込んでいた。それから③ほかの材料——皮を剥たタマネギ三個、新鮮なニンジンを数本、④イラクサの葉をカップ一杯、⑤＜ヴァレンタン＞の肉汁を小さじ一杯、タラの肝油を十二滴——を鍋に入れた。

＊旧訳は田村隆一、新訳は田口俊樹。

たったこれだけに旧訳は5つの不適切部分がある。一冊でどれくらいになるかは推して知るべし。新訳は原文と丁寧につき合わせているのが分かる。topsには根菜の「葉」、植物の「新芽」の二義(例：beet topsビートの葉っぱ、take the young tops枝先の新芽を取る)あるが、新訳の理解でよいだろう。

それでも翻訳とは難しいもので、新旧訳とも間違っている箇所がいくつかある。次の訳は両方とも怪しいが、どこをどう直せばよいだろう。

Claud knew Mr Feasey was famous for spotting ringers, but he knew also that it could be very difficult to tell the difference between two dogs when there wasn't any.

【旧訳】
フィージイ氏が、不正競技者の摘発にかけて有名なのは、クロウドもよく承知していたが、この瓜二つの二匹の犬を見分けるなんてことは、とうてい、あの人にできっこないということも、よく知っていたのだ。

【新訳】
ミスター・フィージーが替え玉を見破ることで有名なことはクロードも知っていた。が、同時に、寸分たがわぬ二匹の犬のちがいを見抜くというのはきわめてむずかしいことも知っていた。

ここは原文が不確か。旧新訳とも when there wasn't any of difference と読んでいるようだが、そんな当たり前のことをわざわざ書くだろうか。where there wasn't any of dogs では「犬が一頭もいなければ」となりおかしい。文法的には破格だが、wasn't と any を分離して意味をとりたい。

. . . when there wasn't any は、any のあとに of＋名詞(この場合 them) が省略されている。この any は「どちらか」の意。例：both or any of them 両方かどちらか 1 つ。

「ミスター・フィージーが替え玉を見破ることで有名なことはクロードも知っていた。が、同時に、**どちらか一方しかいない場合、どちらなのか見抜けない**ことも承知していた」が順当な訳。

もう 1 つ引いてみる。

Afterwards, I went to the bank and drew out the money (all in ones), and the rest of the morning seemed to go very quickly serving customers.

【旧訳】
まもなく私は銀行へ行き、金をまとめて引き出した。それからというもの、午前中は、お客さんの応対で、またたくまにすぎてしまった。

【新訳】
それから銀行へ行ってふたり分まとめて引き出した。午前の残りの時間は客を相手にしていたらあっというまに過ぎた。

これから現ナマをもってレース場に行くのだ。「それから銀行へ行って金を全部 1 ポンド札で引き出した」が正しい訳。all in ones は全部 1 ポンド紙幣で、の意味。この one は、ドル(米)、ポンド(英)。

5 調査

■ウィキペディアは便利だが

いま私が取り組んでいるのが、モリエールの戯曲『エリード姫』。ギリシア小国の姫君は美貌で鳴るが男を寄せつけない。周辺の諸国の王子たちがあの手この手で迫り、ついにイタク国のユリヤール王子が栄光を手にするというお話だが、訳していて困った。

舞台は古代ギリシアの一独立的諸侯の領内に設定されている。「エリード国」を「エリード公国」、「エリード王」を「エリード公」、「イタク王子」を「イタク国公子」などとするのがよかろうが、分かりやすさを優先させた。なお題名を『エリード姫』としたが、作品中に姫の名前は出ていない。『エリード公国の姫君』のほうが正確かもしれない。このように、貴族・国の尊称は神経を削る。

以前学生相手の英語セミナーに出たら、私の前に講演した語学教員が Prince of Wales を「(英国皇太子は)ウエールズの王子様なんですよ」と舌足らずな説明をしていた。ご存じのようにこれは英国皇太子の別称。ウエールズを占領したエドワード1世が人心慰撫のため、その長子(のちのエドワード2世)を「ウェールズ公」に任じたことから始まる。いや辞書によっては「ウエールズ大公」ともあって、この prince がちょっと気になる。調べてみよう。『ジーニアス英和大辞典』を引くと、次のようにある。

> 1 王子、親王、王孫
> 2 (公国・小国の)公、君主;(封建時代の)諸侯;(英国以外の国の)公爵
> 3 [ある分野の]第一人者、大家

『エリード姫』の父親は prince とあるから、2の統一していない古代ギリシアの一独立的諸侯でいいのだな、ということになる。prince が1と2のどちらの意味で使われているかは、時代と状況で判断せねばならない。

ところで duke も「公爵」と訳せるが、prince との違いは何なのだろう。

prince は principal などと同じ語源で「第一人者」。duke はラテン語 dux 由来で「支配」。duke は王室以外では最高の貴族位、また王族の称号としても用いる。

では同じ王族でも duke と prince の違いは何なのだろう。

日本なら天皇の子、孫までが王、その中で特に愛でられ「親王宣下」を受けた者が親王となるのと同じようだ。とくに臣下の duke と区別させたいなら a royal duke という。

世界史年表にヨーロッパの地図が載っていて、ドイツ北方の広大な地域に「バパリア辺境伯領」とある。ずっと疑問だったのだが、この際調べてみる。

「辺境伯」はマルクグラーフシャフト。グラフ graf はラテン語 comes（comes は、王の側近という意味）で伯と訳す。伯爵の count(仏 comte)はここからくるが、国が変われば、意味合いも違ってくる。グラーフシャフトは、フランク王国の最重要な行政・司法区。マルクは、防備地区で、強大な軍事力を有する。特に信任できる側近に、異民族と接する辺境の広大な領土の経営を軍事を含め任せたのだ。日本の征夷大将軍のようなものか。

king を君主とするのが kingdom、prince を君主とするのが principality(例：モナコ公国、リヒテンシュタイン公国)、duke を君主とするのが duchy(例：ルクセンブルク(大)公国)。

grand duchy「大公国」のように「大」grand は自称、もしくは上位君主より与えられたもの。モナコ公国が「モナコ大公国」とすることがあるのは、duchy でなくそのうえの principality(王の臣下でなく独立的諸侯)である誇りから。逆に「リヒテンシュタイン公国」を「侯国」とする場合があるのは、英語では principality of ～ だが、原語のドイツ語ではリヒテンシュタインの元首は Furst(＝first「公・侯」の意味、英訳では直訳して prince)だが、Herzog(英訳 duke)より下位であるため。Herzog, Furst, Graf(伯)の順。ここ furst を first と英訳したため、一見、位が入れ替わっている。

所詮称号などというものは、人間の大いなる見栄の展示会さながらで、結局はどうでもいいことなのだが、こうして調べて無意味さを納得する、前向きに考えればひとりでに知識・教養がつくのも、翻訳の嬉しい副産物といえるだろう。

これらはほぼ、電子辞書(セイコー電子 G10＋カシオ PERSONA)を使い短時間で得られた情報である。『ブリタニカ日本語・英語百科』はじめ市販図書をデータ化したデータは、充分な量がありかつ信頼できるのである。ウィキペディアは便利だが、ちょっと物足りない。紙の本を元にボランティアが記しているからか。確認のため引くのがいいだろう。

コラム 5　日本語のアクセント

NHK ニュースで「コロナ非常事態宣言停止の用件は……」と言っていた。画面に出た大臣も「用件」、別の局のナレーションも「用件」と言っている。わずかに訛りはあるが公明党の代表が「要件」と正しいアクセントであった。NHK 大河ドラマ『麒麟がくる』では、織田信長が家臣に「そなたに簡易をやろう」との台詞を吐いた。「官位」のことだと頭に中で変換するのに、コンマ何秒かかかり誠にイライラする。

いつからこんなアクセントの乱れが横行するようになったのか。私は昔子役をやっていたが、本読みでアクセントに迷うと、誰からともなく「アクセント辞典で調べておきます」との言が出た。「アクセント辞典」とは NHK のアクセント辞典のことで、現在は『NHK 日本語発音アクセント新辞典』(NHK 放送文化研究所)という書名で出版されている。

アナウンサーは今や競争率何千倍の狭き門だが、鼻濁音が切れない人が多い。テレビ局の採用試験は学力重視で、アクセントなど問題にしないから、番組の演出者自体が共通語に無自覚なのが今日の体たらくを招いたのではないか。

共通語 (以前は標準語といった)がなんだ、方言は美しい、訛りがあってなぜ悪い、との風潮はなはだしく、アクセントのことをちょっとでも話題にしようものなら、奇異な目で見られる。お前が東京生まれだから、鼻にかけるんだろうと思われるようでまことに辛い。私だって東京方言の「し」と「ひ」の区別ができず、「日比谷」を「しびや」、「お姫様」を「おしめさま」と発音して笑われ、必死で直したものだ。

方言も訛りも美しいし大切だ。だが基準となる発音があってこそ、生きるのではないか。江戸時代のように皆がお国言葉でしゃべりだしたら同じ日本語が通じなくなってしまうだろう。この夏も避暑地でランチが

「カレイ」というから頼んだら「カレー」が出てきた。名優と言われた笠智衆を、某名監督は使わなかった。「肥後弁も結構だ。だが標準語をマスターしたうえでの肥後弁でなければならない」と見識を示したのだ。アメリカ語を習うとき、先生はアクセントにうるさいし、試験にだってアクセント問題は定番だ。アメリカの標準語は中西部の話し言葉が基になっている。これをテキサス弁やシカゴ弁で習得したら、もの珍しがられるだろうが、普遍性はあるまい。日本語のアクセントが正しくない日本人英語教師が、アメリカ語のアクセントにこだわるのを多く見て、いぶかしく思うことたびたびだ。基準があってこその破格なのである。

第6章　英文講読3つの実践

日本陸軍の創始者大村益次郎は幕末の村田蔵六時代、兵学だけでなく医学・薬学・工学・地歴など分野を問わず片端から日本語に訳した。緒方洪庵、宇田川榕庵、志筑忠雄然り。それが江戸時代の蘭学者というものだった。

国際情報が行き交い、錯綜する現代。「アナタ英語できるでしょ。何が書いてあるか教えて」、そんな頼みに「いや**専門外**で……」などと言ってはおれまい。ここで扱う英文もそんな形で持ち込まれたものだ。英語が荒かったり、気取りが見られたり、くどかったり、クセのある文章ばかりだ。

だが培ってきた力を以てすれば、専門用語・表現は別とし、**内容を正しく伝えることができる**のを確かめてみよう。もちろん人の目に触れる文章にする場合は、専門家の校閲を仰ぐことが必要だ。

1　実務的な英文を読む

■製品カタログを読む

機械の構造までは分からずとも、**現場の人間が「和文和訳」できる程度の理解度は必要**。用語は『現代工業英語辞典』(技術評論社)などで調べる。

では、さっそくカタログの英語に当たってみよう。後ろに専門外の者でもこれぐらいは、という「とりあえずの訳」を付ける。

> The briquetting press is suitable to press all kinds of short or broken turnings like clippings, millings, drillings, sawings made of steel, cast iron, copper, brass, aluminum and so on. Horizontal designed press, made of special steel. The columns are made of high qualified steel too, are super finished and final polished. Cylinder support, middle part and puffer piece are out of approved welding

construction, which is stress-approved annealed. In the middle part of the press the pressing tools are installed, which can be changed quickly and easily.

(とりあえずの訳)
この圧縮成形機は以下のごとき旋盤加工のあらゆる種類の端物や屑、具体的には………等、を圧縮するのに適しています。横型設計の圧縮機は特殊鋼で作られています。カラムも高品度鋼製で、細心の研磨が施されています。シリンダー・サポート、中央部、パッファー部分は基準溶接構造から成り、耐久性ある焼き鈍しになっています。圧縮機の中心部に圧縮具が据え付けられており、いつでも簡単に交換可能です。

下線部分の正しい掛かり方は次のとおり。
[{clippings $_1$, millings $_2$, drillings $_3$, sawings $_4$} (made of steel $_i$, cast iron $_{ii}$, copper $_{iii}$, brass $_{iv}$, aluminum $_v$ and so on $_{vi}$)]

1, 2, 3, 4 M(i, ii, iii, iv, v and vi)で、Mは1と2と3と4に等しく掛かる。

1、2、3、4は複数になっており**可算名詞化(屑と端物の例)**。steel, cast iron, copper, aluminumが**不可算名詞(素材の例)**なのに注意。

andは次で列挙が完了する印(p. 53参照)。so onは前の列挙物と並ぶ代名詞扱い。

【直訳】

鋼・鋳鉄・銅・真鍮・アルミなどの、切抜き物・フライス加工物・穴あけ物・鋸引き切断物

【意味の通る訳】

鋼・鋳鉄・銅・真鍮・アルミといったものが切り抜かれ・フライス加工され・穴あけされ・鋸引きされた結果出るもの(屑・端物)

次の2つも文法的にはありうるが、意味からしてとれない。

1, 2, 3, 4 M で、M は4だけに掛かる。×

{clippings $_1$}, {millings $_2$}, {drillings $_3$}, {sawings $_4$ (made of steel, cast iron, copper, brass, aluminum and so on)}

1, 2, 3, 4 M and 5 で、M は4だけに掛かる。×

{clippings $_1$}, {millings $_2$}, {drillings $_3$}, {sawings $_4$ (made of steel, cast iron, copper, brass, aluminum)} and {so on $_5$}

可算・不可算が交じるために、1から9までを並列とはとれない。×

clippings $_1$, millings $_2$, drillings $_3$, sawings made of steel $_4$, cast iron $_5$, copper $_6$, brass $_7$, aluminum $_8$ and so on $_9$

専門家の監修を得て、次のような訳を作ることが望ましい。

> このブリケットプレス機(ブリケット製造機)は、クリッピング、フライス加工、穴あけ加工、鋸引き加工等によって生じた、鋼・鋳鉄・銅・真鍮・アルミなどのあらゆる種類の切粉のプレス加工に適しています。このプレス機は横型であり、特殊鋼でできています。支柱もまた高品質の鋼で作成され、超仕上げ後最終研磨を施されています。シリンダ支持体、中央部、およびバッファ片は認定済の溶接構造物からなり、応力認定(or 応力除去)焼き鈍しを施されています。プレス具はプレス機の中央部に取り付けられており、迅速かつ簡単に交換することができます。

製品カタログの英文をもう1つ、さきほどと同様に検討していこう。

> Delivery standard
> The plant is manufactured according to the European Safety regulations and will be delivered completely ready for working, without hydraulic oil filling. Energy supplies, means of transport for the unloading, special noise protection and foundation at the place of

destination has to be provided from the customer. In the case of the assistance in the context of the loading the buyer regards the salesman regarding all requirements harming and complain less resulting from it. The documentation-operating and maintenance manual will be executed in English once. Painting RAL-5005 blue

(とりあえずの訳)
配送基準
この機材一式は欧州安全基準に基づき生産され、納品時には、作動油充填なしですぐ起動するようになっています。現地でのエネルギー供給、荷下ろしの輸送手段、特別の雑音防止、据え付けはお客様の負担となります。荷積みに係る支援に関しては、………………。操作資料と運用マニュアルは英語で一回供給されます。色彩は RAL-5005 ブルーです。

the buyer は、the customer の言い換え。直訳は「買主は、積み込みに起因する損害と不平を少なくするように、すべての要件に関して販売者を尊重していただきます」。**言いたいのは「荷積みに関しては細かいことを言わずに販売者に一任しろ」ということ。**

下線部は S V O + M_1(前置詞句) + M_2(独立分詞構文)の形(S は M_1 に関し、M_2 になるよう O を尊重する)。

S: the buyer

V: regards (この現在形は婉曲な命令)

O: the salesman

M_1: regarding all requirements

M_2: harming and complain less resulting from it (harming と complain は名詞で、complain = complaint)

専門家の監修を得た訳は次のとおり。

納入基準
本装置は欧州安全基準に準拠して製造され、油圧オイルを充填することなく直ぐに稼働できる状態で納品される。仕向地における電源類、荷下ろし用の輸送手段、特別なノイズ保護、および基礎工事は買い手が提供する。買い手は、荷積みの費用を分担する場合、それによって生じる損害や不満を軽減するための全ての要件について売り手を顧慮するようにする。操作並びに保全マニュアルの発行は英語で一回行われる。塗装(色) RAL-5005 ブルー

2 時事英文を読む

製品カタログの英文に続き、時事的な英文に挑戦してみよう。

■曖昧な表現を許さない

核時代に警鐘を鳴らす評論の一節。下線部の訳が曖昧だが、と相談された。確かに抽象的だが、原著者が日本人だったらどう書くだろうか。

The Dragon's Tail*[1]

Like Cousins*[2], the American public tried to understand what it meant to have entered the atomic age. ①The actual mechanics of the physics involved were difficult for nonscientists to grasp. Some of the ideas, such as the presence of enormous energies in atomic nuclei, or ②the curvature of time-space, seemed irrational from an everyday, experiential perspective. Nature suddenly appeared to be a very abstract place, one in which the common-sense laws of Newtonian physics ③had given way to a threatening world beyond perception. ④One of the ways Americans learned to understand such atomic icons as *radiation* was as signifiers of a new vision of the physical world, a vision in which forces operated beyond perception, where time and space were not fixed. (*The Dragon's Tail: Americans Face the Atomic Age*—Robert A. Jacobs)

注1）降交点。天文学用語で「星々の軌道が黄天と交わる点」。転じて「線と線、線と面とが互いに交わる点」。ここでは後者で、核時代の問題点を暗喩している。

注2）Norman Cousins(1915–90)。米国のジャーナリスト。*Saturday Review* の編集主幹をつとめ、同誌を純文学の雑誌から現代生活のあらゆる面を扱う雑誌としその部数を伸ばした。広島の被害に衝撃を受け、原爆批判を展開し核軍縮運動に従事。*Who Speaks for Man?* (1953)、*Present Tense* (1967)

まず、持ち込まれた訳から。

> 龍のしっぽ
>
> カズイン同様に、アメリカ大衆は原子力時代に突入したという意味を理解しようとした。①実際に関与している物理的構造は、科学者でなければ把握する事は難しかった。例えば、原子核に存在する莫大なエネルギー、または②時空を曲げるなどという概念は、日常的に経験上は不合理に思われた。自然が突如抽象的になり、ニュートン学説の物理学の常識が、認識を超えた脅威的な世界に取って③代わったように感じられたのである。④アメリカ人が原子力記号を*放射能*として理解した方法の1つは、物理的な世界の新しい視野(vision)を表示者とすることであった。認識を超えて操作される力における考え方、そこでは時空は直されなかったのである。

①の involve は「巻き込む」が基の意味。ここの involved は前の名詞 the physics に掛かる形容詞「関係している」。physics に the がついているのに注目。「物理学全般」でなく、「いま問題にしている原子力方面の物理学」を指している。

②は「時空を曲げる」だと「誰が」が問われる。「時空が曲がっていること」か「時空が曲がること」とする。③は受け身の意味「代わられた」。

④はＳＶＣの構文。

[One of the ways (Americans learned to understand **such** atomic icons **as** *radiation*)] [was] [as signifiers of *a new vision* of the physical world,/ *a vision* in (which forces operated beyond perception, where time and space were not fixed)].

語彙解説を補充する。

such a beautiful girl as Tomoko は「知子のような美しい女性」との訳になるが、似ている(like) ではなく、「美しい女性として具体例を挙げれば知子」の意味。such atomic icons as radiation は「原子力の標識[象徴]としてイメージされるものの 1 つが放射能」⇒「放射能を原子力の表徴(と捉えた/理解した)」ということ。

signifier を動詞に読み替えると、Radiation signifies a new vision of the physical world.(放射能は物理学世界の新たな絵姿を示している)となる。a new vision は「未来像」。

forces は複数で「人の手に負えない物の力」。

where time and space were not fixed の where に副詞句を代入すると、Time and space were not fixed in the vision.(途方もない力が振るわれ、その世界においては時間も空間もはっきりと定まらない)となる。

【④のとりあえずの訳】

> アメリカ人が放射能といった原子力標識を理解した方法の 1 つは、物理的世界の新たなる姿、すなわち途方もない力が想像できないほど振るわれ、そこにおいては時間も空間も曖昧になる姿、それを体現するものとしてであった。

専門家の監修を得ると、全体の訳は次のとおり。

> カズインと同様に、アメリカ大衆もまた原子力時代に突入したということの意味を理解しようとした。とは言え原子物理学の本当のメカニクスは科学者でなければ把握しがたいものであった。例えば、原子核における途方もないエネルギーの存在や時空の歪みなどの概念は、日常の経験的な認知からは不合理に思えるものであった。自然界が突然きわめて抽象的な場として現れ、世の通念であったニュートン物理学の法則が認知を超えた脅威の世界に取って代わられていたのである。アメリカ人が

放射能などの原子力のアイコンを理解した方法の1つは、それらアイコンを物質界の新しいイメージ——認知を超えた強力な力が作用し、時空が定まることがない世界——を具現化したものと捉えることであった。

3　学術的な英文を読む

■J・S・ミル『自由論』を読む

総仕上げとして、イギリスの思想家・経済学者、ジョン・ステュアート・ミルの『自由論』の第4章前半の一部で、「人の個性は大切にせねばならない」という前節からの続きを読みたい。

本書は明治の啓蒙家中村正直がいち早く『自由之理』として訳出・紹介した。高校の日本史教科書にも出ているから、記憶されている方も多いだろう。私は国木田独歩の掌(しょう)編「非凡なる凡人」で、中村訳の『西国立志編』(サミュエル・スマイルズ、原題は *Self-Help*『自助論』)が、当時の少年に大きな影響を与えたことを知り、翻訳というものに興味を持った。

このミルやカーライルの文章は、戦前の帝大入試問題に多く使われた。法律家になるには、あるいは外交官になるには、入り組んだ法律文・条約文を読み解く能力が必要であったからだ。そのため旧制高等学校では、英語の講読にミルやカーライルがよく選ばれた。

中村正直以来20人に及ぶ諸家がこの翻訳に挑んでいるが、どれもしっくりこない。よく言えば格調ある、悪く言えば癖のある文章であって、正解はこれだと決めつけがたいのだ。

文法と論理から意味を狭めていくが、最終的には読者諸賢の判断に委ねよう。

What I contend for is, that the inconveniences which are strictly inseparable from the unfavorable judgement of others, are the only ones to which a person should ever be subjected for that portion of his conduct and character which concerns his own good, but which does not affect the interests of others in their relations with him.

【文型】

[What I contended for] [is,] [{that **the inconveniences** (which are strictly inseparable from the unfavourable judgement of others,)} {are} {**the only ones** to (which a person should ever be subjected for *that portion of his conduct and character* 「*which* concerns his own good」, *but* 「*which* does not affect the interest of others in their relations with him」)}].

[**S**] [**V**] [**C**={S M}{V} {C=N to which (s) (v) (c) for n 「which v′ o′ but which v′ o′」 }]

that 以下([**C**]部分)の繫がり：

the inconveniences *which* are strictly inseparable from the unfavourable judgement of others

are

the only ones *to which* a person should ever be subjected
for *that* portion of his conduct and character
which concerns his own good,
but
which does not affect the interest of others in their relations with him.

ここは、concern と affect の語義と、that . . . which をどうとるかによって、解釈が分かれる。

【解釈 1】

他人によるありがたくない評価と不可分である不都合はまさに当人が蒙って当然としか言えない不都合であって、**自分の利得が大事で周囲のことはどうでもいいといった自分の性格的行動部分に起因するものなのである。**

【解釈 2】

他人によるありがたくない評価と不可分である不都合はまさに当人が蒙(こうむ)っ

て当然としか言えない不都合であって、**自分の利得に影響するが周囲の利害には影響しない範囲内での自分の性格的行動部分に起因するものなのである。**

ここだけ見れば、解釈 1 が適当だと思われる(後ほど示す中村訳と同じ)が、この文の前後からの流れを見ると、解釈 2(後ほど示す大方の訳者と同じ)がいいように思われる。

解釈 2 とすると、「人は他人に迷惑をかけない限り、行動の自由を有し、それを束縛すべきではない。それでも望ましくない行動は何らかのしっぺい返しを食らう。だから自分の評判の悪さは自業自得、自分で引き受けねばならないものとしか言えない。だが他人に迷惑が及ぶ場合はそれでは済まず、何らかの制裁を覚悟しなければならない」という流れになる。

①What I contended for is,② ③that ④the inconveniences which are ⑤strictly inseparable from ⑥the unfavourable judgement of others, ⑦ are ⑧the **only** ones to which a person ⑨should ever be subjected ⑩for ⑪*that* ⑫**portion** of his ⑬**conduct and character** ⑭*which* ⑮**concerns** his ⑯own ⑰**good,**⑱ ⑭*but which* does not ⑮**affect** the ⑰**interest** of others ⑲in their relations with him.⑳

①の what は the thing which に言い換える。the thing は、本章の前の部分で逐一例を挙げ述べている「自分の主張の正しさ」のこと。contend for は「……を求め戦う」⇒「……の是認を主張する」。主部を文にすると、I contended for the thing. になる。直訳は、「私がそれを求めて(本章の前の部分で)戦ったのは」⇒「私が(これまで)(逐一例を挙げて正しさを)論じてきたのは」⇒「要するに言いたいのは」

②以下に長い補語部分が来るので、いったん区切るしるし。

③の that は補語となる名詞節を導く接続詞。

④の inconveniences は、可算名詞化され「不都合なこと」。which 以下で限定される the の力は強い。

⑤の strictly inseparable は「……と絶対に不可分の」⇒「切り離せない」

⑥の the unfavourable judgement of others は「他人のありがたくない判

断」⇒「他人が自分のことを悪く判断すること」。文にすると Others judge one unfavourably.

⑦のカンマは従属節内の長い主部終了のしるし。

⑧の ones は、inconveniences。only は意外と厄介で、形容詞、副詞、接続詞と 3 つの品詞がある。ここは形容詞だが、諸訳の多くのように「唯一の」としては説得性のある訳文にならない。**only は確かに「それだけ」という意味なのだが、日英語の誤差が生じやすく訳の工夫が必要**となる。次は翻訳する、もしくは日本語として理解する場合の、私の見解である。

形容詞の only は(1)**単独**の意味で「唯一の」と(2)**強調**の意味で「まさに」の 2 つがある。通例(1)だが、(2)の気持ちが入ることが往々ある。これは(1)の意味が比喩的に広がったもの。

そのため訳語も、(1)を主とした「唯一の」⇒「2 つとない」「無比の」「無双の」「ピカ一の」「最良の」「最適の」「特有の」「独自の」「きわめて優れた」「抜きん出ている」などと、(2)を主とした「まさに」⇒「まさにその……」「……そのもの」「……に他ならない」「……以外の何物でもない」「ただただ……」「……としか言えない」などを適宜充てることになる。**ここは文章全体の流れからして後者ととるのがよい。**

気をつけねばならないのは、「それしか」「それだけ」「ただ……のみ」「……だけで済む」「……に過ぎない」などと否定的に訳すと、文意にそぐわぬ場合があること。

例：They were the only people presented.

○居合わせたのは彼らだけだった。(単独、強調)

△彼らは居合わせた唯一の人びとだった。(単独)

×彼らは居合わせた人々に過ぎなかった*。(否定)

＊They were only the people presented. とすれば×でなくなる。

もう 1 つ気をつけるべきは、「単独」を立てるか「強調」にするかは、比較の対象の見え方によることだ。

例：He seems to believe that his views are the only right views.

○彼は自分の意見が唯一の正しい意見だと信じているようだ。(単独)

○彼は自分の意見だけが正しいものだと信じているようだ。(単独、強調)

○彼は自分の意見こそが正しものだと信じているようだ。(強調)

比較の対象(ほかにもいくつもある意見)が感じられなければ「唯一の」、区別をはっきりさせたければ「こそが」になる。

×彼は自分の意見が正しいだけだと信じている。(「正しい」以上の対象が見えない)

⑨の should は必然を示し、ever は肯定文で「常に」の古用法。「常に従属して当然の」⇒「被らざるをえない」となる。

⑩の for は for 以下全体が理由を示す「……のために」で、関連「……に関して」とはとれない。A person should ever be subjected to the only ones for that portion of his conduct and character. を「×性格・行動のある部分に関して、人は唯一の不都合に従わねばならない」としては、ではどうしてと聞きたくなってしまう。「○その部分のせいで、人は不都合を余儀なくされる」ととるべき。

⑪の that は先行詞を予告する that ～ which ― の形。**that** portion of his conduct and character **which** . . . は which 以下で規定される彼の性格的行動部分だが、that には「あの」とわざわざ訳すほどの指示性がない。**お互いに何となく了解されている、といった含**みなので、訳さないほうがよい場合が多い。ここもそう。

例：He was faced with that enormous and frightening question of conscience which has entered the lives of so many Americans in our time.
現在非常に多くのアメリカ人の生活に入り込んでいる巨大で恐るべき良心の問題に彼は直面していた。

⑫の portion of ……は「……の一部」「一部の……」と訳すと「部分」が強調されておかしい。portion of は、次に来る **conduct and character が、状況により4つに分かれうるもの**であることを、これまでの文脈(p. 137, 138/I, II)より暗に示しているのである。(1)自分と社会両方に関わる、(2)自分だけに関わる、(3)社会にだけ関わる、(4)自分にも社会にも関わらない。ここはそのうちの(2)の部分ということ。日本語なら「……な面」「……という類」「……な場合」あるいは訳さず済ましてもよいだろう。「君のそういうところが嫌なんだ」「彼のそういう面が問題さ」といったような具合。

⑬の conduct and character を「行動と性格」としては、不自然。日本語は並列に神経質で、同じ程度・範疇のものしか並べないからだ。英語は比較

的大まかであり、ここは**同じような意味の語を重ねた同義語反復**。英語は類語を and で結んでリズムを出すのが大好きなのだ(p. 33 参照)。意味の重点は前の語にあるのも知っておきたい。語頭の文字が c、c と同じになっているのが、同義語反復ととるのを支援する。二語のレベルを揃え、語順を入れ替え「**気質と振舞**」、二語を合体させ「**品行**」、思い切りよく前の語だけ訳し「**行動**」でもよい。

または二詞一意(ヘンダイアディス)ととっても良い。ギリシア語由来の古典的な修辞法で、片方の名詞がもう一方の名詞に掛かり、一体化した意味となる。

例：the tediousness and process of travel　退屈なまま過ぎゆく旅
　　in goblets and gold＝in golden goblets　黄金の盃
　　death and honor＝honorable death　名誉ある死

そうとった場合は「**性格的行動**」とするのがよいだろう。

⑭で which が 2 つ並列されているのは、それぞれの部分を強調させたいから。意味的にはあとの which を除いてもかまわない。which concern . . . , but does not affect . . .

⑮では、concern が affect に言い換えられている。高級な英文は言い換えが大好き。同じ言葉を続けると表現が陳腐になるからだ。*OED* で確かめてみよう。

> concern Verb.
> 1 relate to; be about
> ・be relevant or important to; affect or involve
> affect Verb.
> have an effect on; make a difference to

広い意味から徐々に適訳語を定めていく。「かかわる」>「影響する」>「作用する」>「もたらす」

訳語の選択で全体の意味が変わってしまうので、論理的に考えることが大切。ここは「かかわる」では曖昧、「もたらす」では踏み込みすぎ。「影響する」「作用する」に類した訳語がよいだろう。言い換えだから同じ訳語にしてもよい。それで似たような意味の違う日本語を充てるのも当然可である。

⑯の own は3つの意味がある。(1)所有(my own car)、(2) 独自性(in one's way「自分なりに」)、(3) 自主性(I am my own doctor.「自分のことは自分が一番よくわかる」)。

いずれも名詞を強調している。ここは others と対照して his own としている。

⑰では good が interest に言い換えられている。good を「善」としては曖昧。文例を調べる。

例：do a lot of good for the town　町のために大いに尽力する
　You should try to see the good in people.
　他人の長所を見つけるようにすべきだ。
　What good would it do? それがいったい何の役に立つのか。

この3つ目の「**効用**」「**利得**」の意味に近い。interest は「興味」「**利益**」の二義あるが、言い換えからして「利益」のほう。幅を広げて「**利害**」でもよさそう。「自分の利得にのみ影響し、他人の利害には影響を及ぼさない体の」。「体の」としたのは先行詞の冠詞が限定力の強い the でなく弱い that になっているから。

⑱のカンマは、2つの which 節をはっきり区切るしるし。

⑲では、which 節が並列し、in their relations with him はあとの which 内部にしか掛からない。

⑳(④以下全体を指す)は S V C M の構文。本章で繰りかえし述べていること(p. 137, 138/I, II)の総括。

人に悪い評判を立てられれば当然**不都合**が起こる。(⇒ 因果)その不都合は**当人が常に被らねばならない**。*それは*(⇒ 理由)当人の**性格的行動**が招くもの、(⇒ 条件)自分に影響し他人には影響しない範囲においての。

この文のあと、「これに対して、他人を害する行為については、まったく違った扱いが求められる(p. 138/III)」とし、非難され、報復されねばならないと続く。

ここまでの事を改めてまとめてみよう。

【とりあえずの訳】

> 自分に対する他人の嬉しくない判断には不都合さが付きまとうが、その不都合さとは、当人が甘受せねばならぬまさにそのものであって、それは自分のある種の行動と性格によって生み出されるのであり、自分の利害に影響するが自分と関係する他人の利害には影響が及ばない類のものである場合に、当人が因果として当然負わざるをえない罰なのである。

■歴代の訳を比較する

同じ個所の諸訳の適否を見ていく。

中村正直訳(1871年)

> 他人ヨリ悪評ヲ受ル不便ノ事ハ。⑤タダマサニ自己の③④行状。即チ自己ニテ①善利ナルト思フモノニ②止マリテ。他人ノ①利益ニ②関係セザルモノナルベシ。

① good と interest の言い換えは「善利」「利益」と同義語なのが分かりうまくいっている。

② concern と affect の言い換えは「止ドマリテ」「関係セザル」でうまく処理されている。

③ conduct and character は「行状」でうまく訳されている。

④ portion は訳さずとも「行状」の訳語に内包されている。

⑤ only は正しく訳されている。

【評】

碌な英和辞書も文法書もなかったのに、凄い。句読点がまだ定まっていなかったのか、現代の我々には読みにくいのが残念。中村にかぎらず明治の知識人は漢語の素養があるので、英文のいわんとするところを簡潔にまとめる技量がある。だが、ここだけでは意味が完結している(p. 127 の解釈 1)が、前後の流れからすると疑問。

柳田泉訳(1953年)

私の主張するのは、世人の悪い評判と厳しく結びついている①迷惑、②それこそ、人が自己の④行為と性格の③一部分 ⑦——即ち自分自身の⑥幸福に⑤関するのみで、彼と他の人々との関係に於いて、人々の⑥利益には⑤影響しないその部分⑦——のために蒙らされるべき、②唯一の迷惑ということである。

① inconveniencesを「迷惑」としては「人に迷惑をかけるのか」と読まれてしまう。自分が被る「迷惑」⇒「不都合」なのが分かるような訳語にせねばならない。

② onlyは「それこそ……唯一の」と「ひとつ」と「強調」を合わせた理解は正しいが、やはり「唯一の」が立ってしまう。

③ portionも「一部分」が立ちすぎ。

④ conduct and characterを「行為と性格」はよくない。日本語での並列のバランスが悪い。

⑤ concernとaffectを共に第一義で訳しているので、言い換えなのが分からず、意味も不鮮明。

⑥ goodとinterestを違うのもとして理解している。

⑦ 文末焦点部分を挿入にしているため、強調の力点(この章でずっと言っている、「自分だけで行為が完結する場合」)が異なってしまう。

【評】

できる大学生程度の訳文。

水田洋訳(1967年)

わたくしが主張するのは、ある人が、かれの②行為と性格のうちで、かれ自身の③利益に④関係し、他の人びととかれの関係においてはかれらの③利益に④影響しない、⑤部分のために、①かりにうけるとしても唯一の諸不便は、他の人びとの非好意的な判断と密接にむすびついた①諸不便なのだということである。

① inconveniences を「諸不便」では誰にとってのかが分からない。
only を「かりにうけるとしても唯一の」と条件に訳すのはおかしい。強調の only と読み取ったが適当な表現が浮かばずこうしたのかもしれない。
② conduct and character で並列がバランス悪い。
③ good と interest で言い換えととり共に「利益」としているのはよい。
④ concern と affect で言い換えととっているのか疑問。訳語の「関係し」と「影響しない」ではそのように読めない。
⑤ portion を「、部分」としたのは前からの長い修飾部分が切れるからだという意味なのだろう。だが翻訳としては芸がない。また「部分」が立ちすぎてしまっている。

【評】

直訳を目指しているのか。原文と突き合わせ理解するアンチョコには使えるか。

山岡洋一訳(2006年)

> 要するにわたしの主張はこうだ。個人の①行動と性格のうち、本人の②幸福に⑤影響を与えるが、周囲の人の②利益には⑤影響を与えない③部分に⑥問題があったとき、本人が被るべき不便は、他人から受ける悪評とまったく切り離せない不便④**だけだ**と。

① conduct and character は「行動と性格」では日本語として並列しにくい。
② good と interest で前者を「幸福」後者を「利益」としているが、言い換えなのが分かるかどうか疑問。
③ portion は「行動と性格のうち」が「与えない部分」に掛かるのが分かるので、「部分」としても違和感はない。
④ only を「だけ」と副詞的に訳しているが、「だけ」と否定的に訳すと「他には不便はない」に力点が行ってしまうので拙い。only が強調であるのを訳に出してほしい ⇒「……としか言えない」「……そのもの」。
⑤ concern と affect で言い換えなのを理解している。
⑥ 4つの場合分けの1つであるのを、「問題があったとき」と条件に意訳

している。

【評】

原文とは、主題と結論が逆(「SはC」が「CはS」)になっている。前後の流れで不自然ではないので、翻訳の誤差の範囲というべきか。

斉藤悦則訳(2012年)

> ここで私が言いたいのは、つぎのことである。
> 自分の①行為や性格のうちで、自分の②利益だけに③影響し、他人とかかわっても他人の②利害には少しも③影響しない④部分については、⑤ただ他人から悪い評判を立てられてしまうこと、⑤それだけが本人にとって厄介なのだ。⑥しかも、それはなかなか振り払えない。

① conduct and characterで訳文では前後の並列が不自然。またandを「や」と訳すのは他にもその種のものがあるのかと思われてしまう。

② goodとinterestで前者を「利益」、後者を「利害」とするのはよろしいが、次に述べるように「影響」との連語性が分かりにくい。

③ concernとaffectは言い換えなのを正しく理解しているが、「影響」だと曖昧過ぎてどんな影響なのかと読み手は考えて消化不良に陥ってしまう。

④ portionを「部分」としてはそこに大きな意味を読み手は感じてしまう。

⑤ onlyを「ただ……それだけ」とすると、「他に厄介なものはない」を含意してしまう。ここは強調で「それだけ」だが、「そいつが大切なのだ」を訳文に響かせないと説得性がなくなる。

⑥ 「しかも、それはなかなか振り払えない」はどこの部分の訳なのか。should ever be subjected(当然被って然るべき)の訳なのか。だとしたら、この部分が立ちすぎ。

【評】

これも主題と結論が逆転している。前後の流れから可とすべきか。

参考までに私の訳を、硬めと軟らかめの2つの訳で示す。

【硬め】

> 要するに言いたいのは、次のことだ。他人から好ましくない評価を得て被る不都合とは、自分の性格的行動の結果が他人に一切かかわらず自分だけで完結する場合においては、ただただ自分が負わざるをえない不都合なのである。

【軟らかめ】

> つまり、こういうことだ。他人からそしりを受ければ当然嬉しくないことが多々起こる。だがそれは因果応報、自分で尻拭いしなければならぬ罰そのものなのである。自分だけに係り周りに迷惑がかからない行動であればそれはそれで致し方ない。

同じようなことをくどくど述べて実にしつこい文章だ。この部分の前後の山岡訳(割とよい)を挙げる。

本第四章「個人にたいする社会の権威の限界」(光文社版『自由論』山岡洋一訳 p. 169)

> 個人の行動に他人の利益に悪影響を与える部分があれば、その部分は社会の領域にすべきものになり、社会が干渉した場合に全体の福祉に好影響を与えるかどうかが議論の対象になる。だが、個人の行動が本人以外の人の利益に影響を与えない場合、あるいは他人がそれを望まないかぎり、他人の利益に影響を与えない場合には、この問題を議論の対象とする理由はない(各人がみな成年に達していて、通常の判断力をもつことが条件になる)。この場合、各人はその行動をとり、その結果に対して責任を負う自由を、法的にも社会的にも完全に認められていなければならない。**＊これをⅠとする**

（山岡 p. 174）

したがって、以上のような形で、人は直接には自分だけに関係する点での過ちのために、他人から厳しい扱いを受けることがある。だが、これらはすべて自然なものであり、いうならば過ちの当然の結果なのであって、処罰のために意識的にとられたものではない。軽率な人、強情な人、自惚れている人、ふつうの収入の範囲内で生活できない人、放蕩を自制でいない人、感情と知性を高める喜びを犠牲にして動物的な快楽を求める人は、他人に低く評価され、好意をあまりもたれないと覚悟しておかなければならないし、それに抗議する権利はもっていない。例外は、社会でとくに優れた活動を行って他人に好意をもたれるようになっており、個人のみに関係する部分での欠陥に左右されないほど、他人に親切にされる立場を確立している場合だけである。**＊これを II とする**

（このあと改行して、問題の部分がくる）
（さらに問題の部分のあとはこう続く）

（山岡訳 p. 175）

他人に被害を与える行動に対しては、まったく違った対応が必要になる。他人の権利を侵害する行為、他人に損失や損害を与え、自分の権利によって正当化できない行動、他人との関係での嘘と欺瞞、他人の弱みにつけこむ不正で卑劣な行動は、さらには利己的な理由で他人に被害が及ぶのを防がないことすらも、道徳的な非難の対象とするのが当然であり、深刻な場合には社会的な報復と刑罰の対象とするのが当然である。**＊これを III とする**

コラム 6　敬語

「日本語に比べて英語は敬語が少ない」と、ある評論家が文芸雑誌に書いていた。「座れを例にとれば、sit down と please sit down ぐらいだろう」と。冗談ではない、英語こそ敬語の豊富な言語なのだ。例えば、sit down を義務・命令の英語で表せば、次のように多岐にわたる。

1　Sit down.「座れ」
2　Please sit down. 「座りなさい」決して丁寧ではない
3　You will sit down.　命令（軍隊など）
4　You shall sit down.　強制（法律など）
5　You must sit down.　指示（話者の意志）
6　You have to sit down.　指示（周辺状況からして）
7　You need to sit down.　必然性
8　You are to sit down.　公的決まり
9　You ought to sit down.　勧告（そうしたほうがよい、客観的）
10 You should sit down.　勧告（そうしたほうがよい、主観的）
　※決して強くない
番外　I was wondering if you could not sit down.
　「よろしければお座り頂きますと大変ありがたく存じ上げますのですが」（意訳）

上記はそうでないことを示すホンの一例だ。思いつくだけで 27 通りは優に超える。英語には「敬語がない」と思われているとしたら、英語教育の怠慢だろう。

日本語は動詞＋接尾語で表現するのに対して、英語は助動詞で表現する。番外のバカ丁寧な言い方など日本語ではできまい。過去形、進行形、仮定法、否定形を組み合わせてできている。それで現実からどんどん遠くなることで丁寧な表現となる。

他にも助動詞 can、may、副詞 kindly なども使える。Serve yourself. など、相手に利益を与える場合は失礼でない。

第7章　これからやるべきこと

実社会で英文を読んだり訳したりする場合、そのほとんどは専門的なものだろう。文学作品は、語学力を磨き、世間知を高めるのにはよい。いつだかの新聞記事にあった。実学優先で東北大学医学部が、英文読解の教材も専門分野に近いものを使っていたら、学生の論理力・常識力の低下を招き、教養としての英語の重要性が再確認されたと。

英文学のシャワーをたっぷり浴びたあと、自分の守備領域の英語に取り組むのが、望ましい学習法といえよう。英語＋専門知識を持つ現代の蘭学者、「英学者」こそ求められる人材だ。

1　英語は商品だ

■英語で成功できた理由

翻訳業界45年、演劇・映像・出版・産業の四分野で実績ある翻訳実践者。翻訳ベンチャー(株)アイディを自社ビルを有する中堅企業に育てた翻訳経営者。40人以上の出版翻訳者(上訳者)を育てた翻訳教育者。著訳書十数冊。……と略歴っぽく記すと、順風満帆、ご大層な人物に見えるだろう。

ウソは書いていないが、実際は苦労の連続だった。フランスで1年遊び、仕入れてきた戯曲の翻訳をほとんどノーギャラで各劇団に提供しだした。志があるわけでなく、甘い考えで芝居の道に潜り込もうとしたのが、泥沼への入口。

結局、食い詰め、新聞の三行広告で、できたばかりの産業翻訳会社に入った。ノウハウなどはなく、顧客を装って同業他社の事情を探ったり、特許事務所や法律事務所で専門分野の翻訳者を紹介してもらったりした。1か月かけて立派なパンフレットを作り、上場企業の国際部門に送りつけたのも懐かしい思い出だ。今でこそ産業翻訳市場は巨大化し、株式上場する会社も出ているが、当時は実に小さな日陰の存在だった。嫌々やっているうちに、時代の波に乗りあれよあれよと事務所は大きくなり、オーナーから社長を拝命、その後円満に独立した。

この間、末端の**地べたを這いつくばるような営業**をしたことが、今日の自分を作ったと断言できる。**私が他の英語で食べている人たちに優越するのはまさにこの一点なのである。**どこでどんな仕事があって、どんなものを要求されているか。これは、いかに権威ある大学語学教員であれ、実力予備校教師・高校教員であれ、人気翻訳者であれ知らないことであろう。

翻訳者の採用は自ら行った。競争率約20倍、腕に覚えのある英語遣いをふるいにかける。何がよい翻訳かは教育現場や語学雑誌でたびたび取り上げられるが、その答えはそれぞれの視点で異なる。だが「**その訳文、いくらになりますか**」**という点では、私が恐らく日本一の目利きなのである。**

■金になる英語とは

自分を規定すれば「**日本でただ一人の翻訳教育者**」になるだろうが、最初からこんな自信を持てたわけではない。

恥を承知で打ち明ければ、お金にする大変さを思い知ったのは、(株)アイディに入ってすぐのことだった。某食品会社から英文和訳の依頼があったが、急ぎのもので分量も極めて少なく、わざわざ翻訳者を手配するに及ばないと判断し、自分でやってみた。出てきた用語 working capital を「稼働資本」と訳した。これがクライアントに呆れられ、罵倒された。業界用語というものがあって、「運転資本」と訳さねばならなかったのだ。

次に和文英訳「四方を海に囲まれた日本は、弓なりの列島を形成している」。某財団法人から発注された文章の冒頭。Surrounded by the sea on all sides, Japan is a bow-shaped archipelago. と訳し、英語の素養のある日本人の担当者のOKももらった。印刷に出す前に、念のためネイティヴ・チェッカーに見せたら、Surrounded by the sea on all sides をバサッと消され、「**当たり前のことは要らないでしょう**」といわれた。日英語には発想の違いが厳としてあるのを知った。

そうした経験が生きて、褒められたこともある。某テレビ局が、一流外国人アスリートを招聘してチャリティを催した際、表彰状の英文作成を依頼された。「貴方が当局主催のチャリティ試合で全額を寄付されたことに感謝し、ここに表彰致します」――これだけの文言だ。「全額」を何と訳しましょうかと担当者に訊いたところ「income でいいですよ」と言われたが、何か引っかかる。ちょっと調べて「**それだと1年間の全収入になる**」からと、the winnings に変えたことを思い出す。

a warm summer は「暖かい夏」だが、日本語にするとヘンなのは、イギリスとは気候状況が違うからだ。「さわやかな夏」なら湿気がなく温度も高くない感じで日本語で受け入れられるだろうと判断するのも、「僕は女性のヒップが好き」とパブでの雑談でイギリス人男性に言われて、「嫌らしいな」でなく、女性の腰の優雅な曲線に惹かれるのだな、と和文和訳できるのも、お金が媒介する翻訳の現場にいたからこそなのである。

2　動機づけが重要

■進んで恥をかく

これまで書いてきたように、語学が上達するには恥をかくのがいちばんだ。先生に習うなら、厳しい人。若い頃フランスに行く前、準備で 3 か月間お茶の水のアテネ・フランセに通った。たまたま当たったのが、ジャン・ペレ(Jean-Baptiste Perret)先生。一クラス 40 人ぐらいいたはずだが、どういうわけかよく当てられた。一日 50 分授業が 2 回で、12 回当てられたこともある。先生は出来の悪い生徒が嫌いで、日本人のよくやる照れ隠し笑いをすると怒り出す。まごまごしていると、Quittez la class!(教室から出て行け！)と怒鳴られる。さらに見当違いの答えをすると、Zeroyama, ou Waseda? と嫌味たっぷりに聞かれる。どうもできないくせに自信ありげなのは、先生の頭の中では●山か早稲田のようだった。私も早稲田だったものだから、ここは母校の名誉のため(?)と思い、緊張感をもって、先生の発話に耳を澄まし、次に聞かれそうな質問を先回りして予想しそれに備えた。たった 2 時間の授業だが、終わったあとにはもうぐったり。1 時間ほど休んでからでなければ、次の行動に移れなかった。そして夜は質問されそうなことを予習するのだ。実に大変な 3 か月だったが、おかげでパリに着いていきなり見知らぬフランス人に道を聞かれても、何とか受け答えできた。怒られたら怖い、恥をかきたくないという気持ちが、語学力を培ったのだろう。

■積極的に疑問を持つ

バカにされ、恥をかくことによる語学力の向上も得がたい方法の一つだが、そうしょっちゅうは味わいたくない。

「火事場のバカ力」ということでは、**食い詰める**のがよい。この資格をとらなければ好きな人と結婚できない、この英語のレポートを読みこなせなければ就職がふいになってしまう。こうした時に、本来の実力以上のものが発揮されるのである。

あるいは、疑似体験で**自分を追い込む**のもよいだろう。**見栄を張る**のも語学の力を延ばすのに効果がある。友だちに、好きな人に、上司に認められたい。語学は人から見て、差がはっきり分かるものだ。皆が解釈できない英文をすらすら解説できたら鼻が高いし、周りの尊敬を得ることだろう。実利がなくとも、語学のできる人物として一目置かれ、自分の仕事にもやがてつながるはずだ。

それよりなにより、まず第一に、利得を超越した自分自身の気持ちを育んでゆきたい。それは「**不思議がる**」こと。次はワーズワス(Sir William Wordsworth)から引用。

> 空に虹を見るときに私の心はおどる
> 私の生涯のはじまった時もそうだった
> 大人となった今もそうである
> 年をとってもそうだろう
> さもなくば死んだ方がよい
> 子供は大人の父である
> されば私の生涯の一日一日が
> 願わくは
> 自然に対する畏敬の念でつながれているように
> (小川二郎訳)

子供の虹に対するわななきのような心をいつも持っていたい、という意味だと思うが、言葉への親し気で不思議に思う気持ちがあれば、英学者になることは少しも難しくない。

最後に原文と問題を出すので、独力で解いていただきたい。早い人はすぐに、遅い人でも本書のメソッド通りじっくり学ぶ人であれば、いつかは「**ユリイカ！**」(分かった)と言えるはず。

My heart leaps up when I behold
　A rainbow in the sky:
So was it when my life began,
So is it now when I am a man,
So be it when I shall grow old
　Or let me die!
The Child is father of the Man:
And I could wish my days to be
Bound each to each by natural piety.

【問題】

(1)　a man、The Child、the Man と冠詞の違い、語頭の大文字・小文字が混在するのはなぜですか。

(2)　father が小文字なのはなぜですか。

(3)　natural piety は「自然に対する畏敬の念」との訳でよいのですが、なぜそうなるのですか。

3　1日2時間3年たゆまず

■お楽しみはこれからだ

このページに達するまで、大変だったと思います。でもお楽しみはこれから。「**サラリーマンでも1日2時間1つの分野の勉強を続ければ、10年でその道の専門家になれる**」とは、元金融マンだった某評論家の経験に根差した言葉だ。英文読解の専門家になるのは、肩の凝りをほぐすような「痛気持ちいい」思いを味わいながら、苦しく楽しく3年で済む。

これまで見てきたように、英文読解の市場は広く、また競争相手は手ごわくない。趣味と実益、さらに社会貢献を兼ね、「**毎日2時間3年間**」、翻訳の思考過程を応用した英語学習をぜひ続けていただきたい。

これから読者がやるべきことを、簡潔にまとめる。

【推薦図書】

『英文解釈教室　新装版』伊藤和夫、研究社
『誤訳の構造』中原道喜、金子書房
『The collected short stories of Roald Dahl』PENGUIN*
『決定版　翻訳力錬成テキストブック』柴田耕太郎、日外アソシエーツ
『翻訳力錬成プロブック』柴田耕太郎、日外アソシエーツ
『英文法詳解』杉山忠一、学習研究社(学研プラス)
『ロイヤル英文法』綿貫陽、ほか改訂・著、旺文社
『英文法解説』江川泰一郎、金子書房
高機能の電子辞書**
『キス・キス』(旧版)　開高健訳、早川書房***
『キス・キス』(新版)　田口俊樹訳、早川書房

* 品切れならネットの古本市場で。
** 私は「PASORAMA」G10 SR-G10001 (セイコー電子)を使っているが、現在生産中止。
*** 絶版。中古市場で探して下さい。

【学習方法】

1 『英文解釈教室　新装版』

受験英語界に君臨した伊藤和夫の著作。旧版である[改訂版]の不適切箇所を大部分修正したもの。独力ではなかなか読み通せない。

研究社 HP*1(柴田執筆)、アイディ英文教室 HP*2 を副読本に 3 回読む

2 『誤訳の構造』

英文読解指導書の中でいちばん間違いが少ない本。内容も極めて優れている。

アイディ英文教室 HP*3(柴田執筆)を副読本に 3 回読む。

3 『The collected short stories of Roald Dahl』

エラー・アナリシス(p. 110)は語学力増進の特効薬。一冊の本で訳者が代わり、どこがどうよくなったか、あるいは悪くなったか、変わってないか、できれば自分であらかじめ訳しておいて比べるとさらに身につく。

原文と『キス・キス』(早川書房刊、開高健訳と田口俊樹訳)を アイディ英文教室の『自習用ページ』⇒『ロアルド・ダール「キス・キス」』、そして『ロアルド・ダール新訳・旧訳比較』を副読本に点検する。

*1 研究社ホームページ(https://www.kenkyusha.co.jp/)で「英文解釈教室[新装版]ノート」を引く。
*2 アイディ英文教室ホームページ(http://www.wayaku.jp/)で「英文解釈教室・新版旧版比較」(自習用ページ)を引く。
*3 アイディ英文教室のホームページで「誤訳の構造・ノート」(自習用ページ)を引く。

これができたら、次に進む。

4 『決定版 翻訳力錬成テキストブック』を3回読む。
精選英文エッセイ100題に詳しい解説を付したもの。上級者の疑問にすべて答えるよう配慮してある。
5 『翻訳力錬成プロブック』を3回読む。
第3章英文読解5つのポイントをさらに深く掘り下げたもの。法則とまでいえない英語の通則を学ぶ。
6 pp. 86–94の朗読(日本語、英語)を暗記するほど音読する。
目と耳は本来一体だと認識し、原文の正しい理解に寄与するはず。

これだけやって、自分の専門分野を錬磨すれば「日本の大学で英語を教えたり、文学作品の翻訳をする**以上の英語力は身につく**」(pp. 7–17, pp. 142–143参照) はずです。ワクワクしませんか。**毎日やって3年、弛まず急がずやって10年の修行。**乞うご健闘!

コラム7　求められる高等英語教育

いくら授業で講師が奮闘しても、わずかのコマ数で翻訳ができるようになるはずがない。せめて、翻訳の授業は「英文和訳」を脱するものでありたい。学生のやる気を引き出し、英語力をつけ、願わくは将来翻訳関連の職種に携わりたい、社会人になってビジネスの現場で英語を正しく読み取り生かしたい、と思わせるような授業が望ましい。

だがここまで述べてきたようなことを指導できる教員は、そういるものでない。特に問題となるのが、教員の養成と、カリキュラムの策定である。

望ましい教員像としては「翻訳現場での経験があること」「英文を正確に読み解けること」「翻訳訓練を指導できること」などが挙げられるが、こんな大学教員はまずいないだろう。現場のベテランを招くのが一番だが、大学教員の最低条件は博士卒との傾向が著しい現況では難しかろう。せめて大学院で翻訳を教えられる教員を養成してほしい。でないと今と同じ生半可な教員が的を知らずに学生を指導する日々が続いてしまうだろう。

「カリキュラムの策定」については、翻訳といえど英語、英語を学ばずして何を学ぶか、私は常々そう言っている。翻訳の力の90%は徹底した英文精読によって得られる。できれば翻訳コースを学科内に作って、4年間の一貫教育で鍛え上げたい。

私が考える翻訳カリキュラムを次に提示する。

・1年生「英文解釈教室」「精選エッセイ100題」
・2年生「ノンフィクション25題」「フィクション12題」
・3年生「戯曲・映像」「ITなど産業分野」
・4年生「翻訳インターン」「卒業制作」

英文が正しく読める、だからやろうと思えば翻訳もできる。ここまでは確実に指導できる。残りの10%が「商品として通用する翻訳の技術」だ。これは経験で慣れてゆく部分と、本人の天性の部分に分かれる。大学4年間だけでなく、社会人になってからもじっくり自分を熟成させていくしかあるまい。

また、翻訳は現場学である。いかに翻訳理論を学んだところで、畳の上の水泳と同じく、役には立たない。4年度には是非、学校から出て翻訳会社、出版社、編集プロダクション、映像制作会社など、日々の切羽詰まった現場での翻訳実務をこなす場を与えてほしい。翻訳者手配、校正、打ち直し、レイアウト、チェック、クレーム処理など綺麗ごとでない翻訳全般を知ることが、自信へとつながるだろう。

文法力、論理力、教養力、文章力が四位一体として学べるのが翻訳である。翻訳者になることを目指さずとも、翻訳の思考過程で得た力は必ず学生が社会に出てから生きることは間違いない。翻訳教育を英語教育の根幹に据えようという教員、学科、学校、社会が出てくることを祈りたい。

【本書に出てきた主な人名リスト】

村岡花子：1893–1968。翻訳家・児童文学者。
野茂英雄：1968–。元大リーガー。
清岡卓行：1922–2006。小説家・大学教授。
外山滋比古：1923–2020。英文学者・エッセイスト。
マーチン・トロウ：1926–2007。米国の社会学者。
アーノルド・トインビー：1889–1975。英国の歴史学者。
深瀬基寛：1895–1966。英文学者。
朱牟田夏雄：1906–1987。英文学者。
佐藤優：1960–。評論家。
サマセット・モーム：1874–1965。英国の小説家。
ジョージ・オーウェル：1903–1950。英国の小説家。
柳瀬尚紀：1943–2016。翻訳家。
行方昭夫：1931–。英文学者。
ギルバート・ハイエット：1906–1978。英国の古典学者。
プリーモ・レーヴィ：1919–87。イタリアの作家。
アルヴィン・ローゼンフェルド：1938–。米国の社会学者。
斎藤兆史：1958–。英文学者。
ジョージ・ギッシング：1857–1903。英国の作家。
澤井繁男：1954–。イタリア研究者・文筆家・元予備校講師。
ロアルド・ダール：1916–1990。英国の作家。
開高健：1930–1989。小説家。
川端康成：1899–1972。小説家。
エドワード・サイデンステッカー：1921–2007。日本文学研究家。
バートランド・ラッセル：1872–1970。英国の哲学者・批評家。
杜牧：803–853。晩唐の詩人。
前野直彬：1920–1998。中国文学者。
石川忠久：1932–。中国文学者。
チャールズ・ワーグマン：1832–1891。漫画家・画家。
坪内逍遥：1859–1935。批評家・小説家・翻訳家。
福田恆存：1912–1994。批評家・翻訳家。

小田島雄志：1930–。英文学者。
井波律子：1944–2020。中国文学者。
太宰治：1909–1948。小説家。
ジョン・スチューアート・ミル：1806–1873。英国の哲学者・経済学者。
モリエール：1622–1673。フランスの劇作家。
アーノルド・ベネット：1867–1931。英国の小説家。
柴田裕之：1959–。翻訳家。
吉川幸次郎：1904–1980。中国文学者。
大山定一：1904–1974。ドイツ文学者。
薬袋善郎：英語教育家。
山岡洋一：1949–2011。翻訳家。
フランシス・ライト：1795–1852。女性運動家。
伊藤和夫：1927–1997。英語教育家。
竹内謙二：1895–1978。経済学者。
別宮貞徳：1927–。英文学者
桑原武夫：1904–1988。仏文学者。
生島遼一：1904–1991。仏文学者。
落合太郎：1886–1969。仏文学者。
中原道喜：1931–2015。英語教育家。
トーマス・カーライル：1795–1881。英国の評論家。
石田憲次：1890–1979。英文学者。
福原麟太郎：1894–1981。英文学者。
アン女王：1665–1714。イギリス女王。
夏目漱石：1867–1916。小説家。
芥川龍之介：1892–1927。小説家。
松本清張：1909–1992。小説家。
ミシェル・ド・モンテーニュ：1533–1592。フランスの哲学者。
フィリップ・ストラトフォード：1927–1999。批評家。
フランソワ・モーリアック：1885–1970。フランスのカトリック作家。
遠藤周作：1923–1996。小説家。
オスカー・ワイルド：1854–1900。英国の作家。

西村孝次：1907–2004。英文学者。
亀井勝一郎：1907–1966。評論家。
永井荷風：1879–1959。小説家。
太宰施門：1889–1974。フランス文学者。
ジョン・F・ケネディ：1917–1963。アメリカ合衆国第35代大統領。
國広弘雄：1930–2014。同時通訳者。
ウイリアム・ワーズワース：1770–1850。英国の詩人。
加藤周一：1919–2008。評論家。
中村真一郎：1918–1997。作家。
井上ひさし：1934–2010。作家。
越路吹雪：1924–1980。シャンソン歌手。
O. ヘンリー：1862–1910。米国の作家。
大久保康雄：1905–1987。翻訳家。
メレディス・マッキニー：翻訳家。
アラン・ターニー：1938–2006。日本文学研究家。
グレン・グールド：1932–1982。カナダのピアニスト。
荻生徂徠：1669–1728。儒学者。
陶淵明：365–427。中国六朝時代の詩人。
宇野宗佑：1922–1998。政治家。
P.B. シェリー：1792–1822。英国の詩人。
伊藤整：1905–1969。作家・翻訳家。
ハヴロック・エリス：1859–1939。医学者・批評家。
田村隆一：1923–1998。詩人。
田口俊樹： 1950–。翻訳家。
笠智衆：1904–1993。俳優。
大村益次郎：1824–1869。幕末の洋学者。
緒方洪庵：1810–1863。蘭学者。
宇田川榕庵：1798–1846。蘭学者。
志筑忠雄：1760–1806。蘭学者。
中村正直：1832–1891。思想家。
国木田独歩：1871–1908。作家。

サミュエル・スマイルズ：1812–1904。英国の作家。

柳田泉：1894–1969。文学研究家。

水田洋：1919–。経済学者。

斉藤悦則：1947–。元大学教員。

ジャン・ペレ：元アテネフランセ教授。

小川二郎：1904–1981。英文学者。

〈著者紹介〉

柴田　耕太郎（しばた・こうたろう）

翻訳会社アイディの元代表、獨協大学講師。1949年、東京生まれ。早稲田大学第一文学部仏文専修卒業。岩波書店嘱託を経て渡仏、演劇を学ぶ。帰国後、翻訳業界へ。演劇・映像・出版・産業の4分野の翻訳で実績があり、翻訳教育にも力を入れ、これまでに出版翻訳家を40人以上育てている。著書に『翻訳家になる方法』（青弓社）、『英文翻訳テクニック』（ちくま新書）、『決定版　翻訳力錬成テキストブック』（日外アソシエーツ）、翻訳書に『ロックシンガー　間違いだらけの発声法』（東亜音楽社）、『ブレヒト』（現代書館）、『現代フランス演劇傑作選』（演劇出版社）など多数。

KENKYUSHA

〈検印省略〉

翻訳(ほんやく)メソッドで身(み)につける
究極(きゅうきょく)の英語力(えいごりょく)

2021年10月29日　初版発行　　2022年1月25日 2刷発行

著　者　柴田耕太郎

発行者　吉田尚志

印刷所　研究社印刷株式会社

発行所　株式会社　研究社

https://www.kenkyusha.co.jp

〒102-8152

東京都千代田区富士見2-11-3

電話　（編集）03(3288)7711(代)

（営業）03(3288)7777(代)

振替　00150-9-26710

装丁：寺澤　彰二

ISBN 978-4-327-45304-6　C0082　Printed in Japan